社会に出る前に知っておきたい

「働くこと」大全

水町勇一郎
早稲田大学法学部教授

KADOKAWA

本書の登場人物

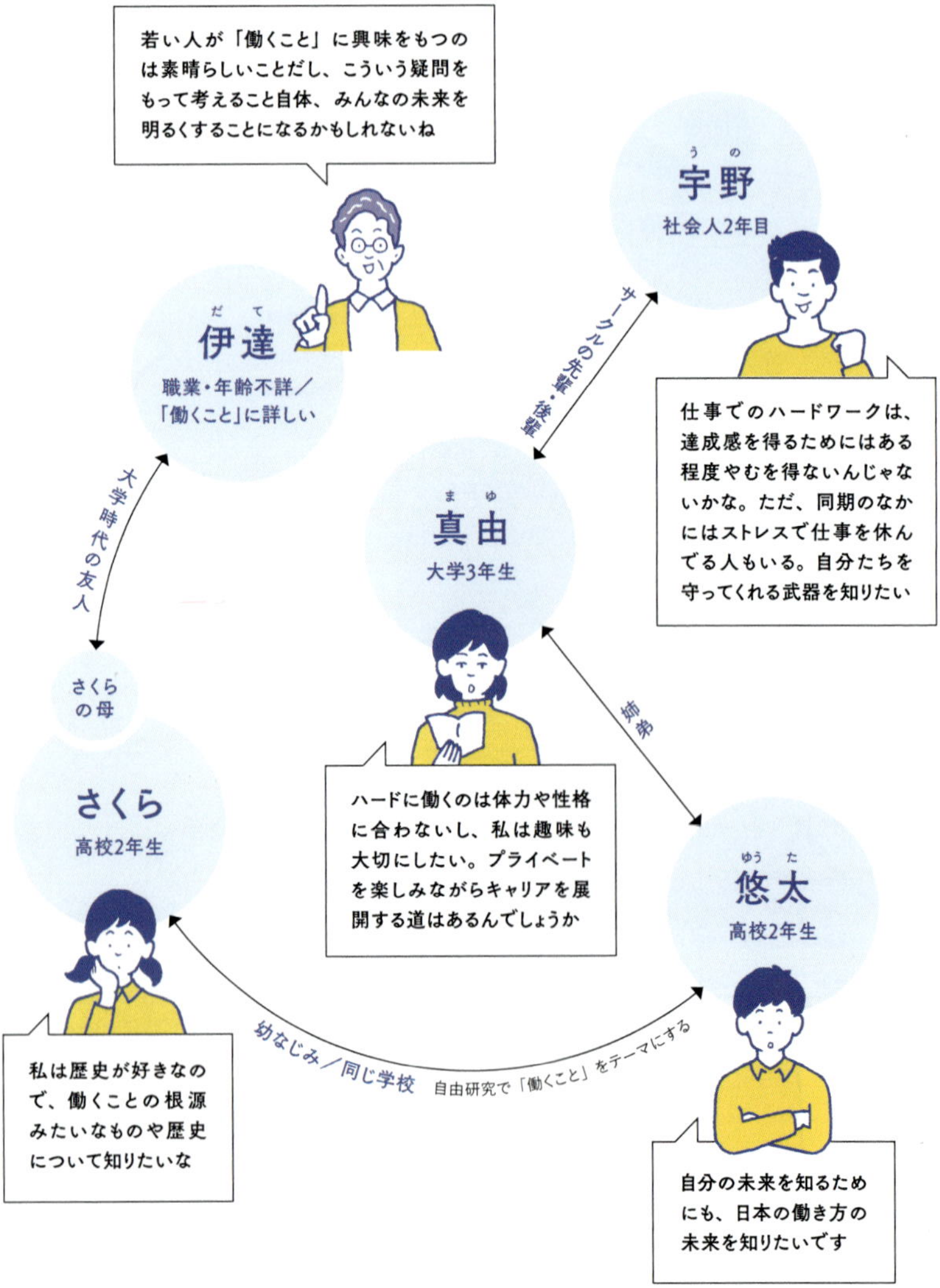
若い人が「働くこと」に興味をもつのは素晴らしいことだし、こういう疑問をもって考えること自体、みんなの未来を明るくすることになるかもしれないね
伊達《だて》
職業・年齢不詳／「働くこと」に詳しい
宇野《うの》
社会人2年目
仕事でのハードワークは、達成感を得るためにはある程度やむを得ないんじゃないかな。ただ、同期のなかにはストレスで仕事を休んでる人もいる。自分たちを守ってくれる武器を知りたい
サークルの先輩・後輩
真由《まゆ》
大学3年生
ハードに働くのは体力や性格に合わないし、私は趣味も大切にしたい。プライベートを楽しみながらキャリアを展開する道はあるんでしょうか
大学時代の友人
さくらの母
さくら
高校2年生
私は歴史が好きなので、働くことの根源みたいなものや歴史について知りたいな
姉弟
悠太《ゆうた》
高校2年生
自分の未来を知るためにも、日本の働き方の未来を知りたいです
幼なじみ／同じ学校
自由研究で「働くこと」をテーマにする

社会に出る前に
知っておきたい

「働くこと」大全

水町勇一郎

はじめに

「働くこと」をめぐって

伊達《だて》

「『働くこと』の意味って人それぞれ違うかもしれないし、なんで働かないといけないのかって聞かれても、ハッキリとは答えられないものだよね。それでも働かないと生きていけない気がするし、働いているときにはいろんな悩みが湧いてくることも……みんな『働くこと』について、どう思う？」

白いTシャツにグレイのジャケットを着た、ラフな出《い》で立ちの伊達はその場にいる若者たちにやさしく問いかけた。

宇野《うの》

「僕、高校から大学までずっとバンドをやってたけど、就活のときに髪を黒く染め直してバンドを解散するとき、これからは気持ちを入れ換えて仕事に打ち込もうって決意したんですよね。その気持ちが通じたのか、幸い、希望していた商社から内定をもらって、就職してから一年数か月。大学で専攻したこととは全然違う仕事をしてるけど、先輩から教えてもらいながらなんとかがんばってるし、この前、コンぺで大口の契約がとれたときはチームのみんなで感激して、朝まで祝勝会で盛り上がりました。たしかに、ほぼ毎日残業してるし、休日に仕事を持ち帰って家で仕事をすることもある。同期のなかには、ハードワークとストレスで、仕事休んだり会社を辞めたりした奴もいる。でも、チームで仕事をして自分を高め合ったり、みんなで協力し合って仕事の達成感を得たりするためには、そういうのってある程度やむを得ないことなんじゃないかな。学生時代のサークルとは違って、お金をもらって働いてるわけだし」

社会人二年目の宇野は、「働くこと」への思いを熱く語る。
大学三年生の真由《まゆ》は、少し戸惑いながら、自分なりの考えを話し始めた。

真由

「私はこれから就活を始めるし、その準備のためにも、アルバイトをしたり、インターンシップに行ったりしてるけど、やっぱりハードに働くのって、自分の体力とか性格に合わないんじゃないかなって思っています。私は、洋服をデザインしたり作ったりするのが好きで、この趣味をずっと続けていきたいし、就職した後も、この趣味とか、将来の家族との生活を大切にしながら生きていけたらうれしいです。できれば、残業なしで定時に帰れそうな会社に就職したいし、最近ときどき聞く

『週休三日制』という働き方にも興味があります。大好きな洋服作りを仕事にできないかなとも思って、アパレル関係の会社のインターンシップにも行ってみたけど、仕事やお金儲《もう》けにしてしまうと趣味が趣味でなくなりそうな気がして、やっぱり一番好きなことは自分の好きなペースでできる趣味にとどめておきたいなと思っています」

これを聞いた伊達は、

伊達　「二人の言葉には、働くことのエッセンスが凝縮されてるね」

と二人の話を受け止めた。

＊＊＊

幼なじみで同じ学校に通う高校二年生のさくらと悠太《ゆうた》は、夏休みの自由研究で「働くこと」をテーマにしようと思った。人生で過ごす時間のなかで「働く時間」は「寝る時間」に次いで長いし、「働くこと」にどう向き合うかで自分の人生の大半が決まるような気もする。「働くこと」は身の回りに日常的に存在しているから、研究するネタにも事欠かないだろう。あわよくば、大学の推薦入試用の小論文のテーマにすることもできるかもしれない。

さくらがこのことを母親に相談したところ、母の大学時代の友人で「働くこと」について何でも知っている伊達さんという人がいるから、伊達さんに相談に乗ってもらえないか聞いてみるねと言ってくれた。

悠太のほうは、大学三年生の姉、真由に声をかけた。すると真由は、サークルの先輩で商社に就職した宇野にも声をかけてみようかと提案してくれた。アルバイトやインターンシップに励んでいる真由からは、働くことへのいろんな思いを聞けるかもしれないし、宇野からは、実際に働いてみて感じたことや経験したことを聞けそうだ。

七月のある晴れた日曜日。そんなこんなで、東京は神楽坂《かぐらざか》にあるオープン・カフェに、高校生二年生のさくらと悠太、大学三年生の真由、社会人二年目の宇野、そして「働くこと」に詳しいらしい職業・年齢不詳の伊達が集まった。

伊達　**「いまの宇野さんと真由さんの話を聞いて、さくらさんはどう思った？」**

伊達からの問いかけに、さくらは答えた。

さくら「働くことって、人を感激させることもあるし、人を追い込んだり苦しめたりすることもある。それに、働くことを生きがいとして生きている人もいれば、働くことは二の次にして、それ以外の趣味とか家族とかを生きがいにしたいと思う人もいる。そういういろんな面とか人が混じり合っていて、実際の会社とか社会とかはうまく回ってるんでしょうか。

　それに、人間ってたぶんずっと昔から働いてきたと思うんですけど、人間にとって働くことってどういう意味をもっていたのか。人間の歴史のなかでそれはどう変わってきたのか、変わってこなかったのか。私は歴史が好きなので、働くことの根源みたいなものや歴史について知りたくなりました」

伊達「悠太さんは？」

悠太「日本人は昔、『働きアリ』だって外国から批判されたことがある[1]って聞いたことがあります。宇野さんのいう働き方って、日本に特徴的なもので、外国の働き方とは違うんでしょうか。もし違うのであれば、なぜ日本ではそうなってるんでしょうか。最近、『グローバル・スタンダード』とか『働き方改革』ということが盛んに言われてるみたいですが、いま、日本のそういう働き方は変わろうとしてるのか。自分

の未来を知るためにも、日本の働き方の未来を知りたいです」

姉の真由が、続けて言った。

真由

「私も、就職活動をする前に知っておきたいことがあります。アルバイトやインターンシップをするなかでも、いろんなことが起こってますが、そういう問題に対処するためにはどうしたらいいのか。これから就職先を選ぶにあたって、どういうことに気をつけたほうがいいのか。働く時間とか給料とか会社のルールはどうやって決まってるのか。会社から転勤を命じられたり、他の会社に転職をしようって思ったりしたときは、どうしたらいいのか。趣味とかプライベートを楽しみながら、自分のキャリアを展開していく道はあるのか。そして、キャリアの終わり方ってどうなってるのか。仕事をしながら人生を送るなかで起こるさまざまなイベントとその対処法について、あらかじめその全体像を知っておけば、これからの人生のポイントごとにその選択肢が増えそうな気がします」

真由の先輩の宇野も続ける。

宇野「もし僕も質問してよければ、知りたいことがあります。僕も、僕の同僚も、働いていて困ったり悩んだりすることがたくさんあります。実際に、会社の先輩や同期のなかには、上司やお客さんからハラスメントを受けて、メンタルを壊して会社を休んでる人もいるし、ハードワークに耐えられずに会社を辞めるときに、サービス残業がたくさんあったって言って会社を訴えた人もいます。そういうことがいつ自分に降りかかってくるかもしれないし、会社や上司への不満を聞いてくれって友だちから相談されることもあります。そういうときに自分たちを守ってくれる武器みたいなものがあったら、そのポイントを知りたいです。そういうのって、みんなの役にも立ちそうだし」

マグカップに入ったカフェラテを飲みながら、それぞれの話にうれしそうに耳を傾けていた伊達は、みんなの話をひと通り聞いたあと、切り出した。

伊達「うん、いい感じ。若い人がこういう話に興味をもつことは素晴らしいことだし、こういう疑問をもって考えること自体、みんなの未来を明るくすることになるかもしれない。

そうだな。では、みんなの疑問を一つひとつ整理しながら、『働くこと』をめぐる地図を描いてみることにしようか。すこし長くなるかもしれないから、パスタでも注文して、少しずつ話していくことにしましょう」

伊達は、ボロネーゼを注文して、語り始めた。

目次

第1章　そもそも「働く」ってなに？

——働くことの【意味・歴史】

第2章

日本の「働き方」の特徴は？

――働くことの【環境・制度】

第3章

実際に働き始めるとどうなる？

――働くことの【選択・展開】

第4章

困ったときに頼りになるルールは？
――働くときの【武器・知識】

おわりに

装丁 田村梓（ten-bin）
イラスト 加納徳博
図版 ウエイド
DTP ニッタプリントサービス

第1章

そもそも「働く」ってなに？

——働くことの【意味・歴史】

さくら「人間ってたぶんずっと昔から働いてきたと思うんですけど、人間にとって働くことってどういう意味をもっていたのか。人間の歴史のなかでそれはどう変わってきたのか、変わってこなかったのか。私は歴史が好きなので、働くことの根源みたいなものや歴史について知りたくなりました」

「はじめに」7ページ

伊達「そう。まずは、働くことの歴史から。さくらさんが言うように、人間はずっと昔から働いていた。でも、その意味や価値は時代とともに大きく変化してきたんだ。現在の『働くこと』の意味や未来の『働き方』を考えるために、『働くこと』をめぐる歴史を振り返ってみることにしようか」

1

「罰」としての「労働」
――古代ギリシャからローマ帝国・ヨーロッパ中世

伊達「ソクラテス、プラトン、アリストテレスって聞いたことあるかな？　ヨーロッパ文明の原点といわれる古代ギリシャの三大哲学者で、紀元前五世紀から紀元前四世紀に活躍した人たちなんだけど、当時のギリシャでは、働くことは卑しい活動だって考えられていたんだ。なぜだと思う？」

悠太「んー、なぜだろう」

さくら「すごく大変で疲れる仕事が多かったからかな」

伊達「ちょっと近いかもしれないね。それは、古代ギリシャの人たちが発明した人間の本性にかかわってるんだ」

真由「人間の本性？」

「働くこと」は「卑しい」こと？

人間の人間らしさって何だろう。この問いに対し、古代ギリシャの人たちは、「自由」

こそが人間らしさなんだと考えました。そして、人間以外の動物とは違う、真に人間らしい「自由」な活動は、真理を探究する「哲学」、美しいものを眺める「美術」、社会の共通目標を定める「政治」にあると考えたのです。たしかに人間以外の動物は、哲学とか、美術とか、政治とかはしていないのかもしれません。

そして、その「自由」な活動と対極にある活動が、人間も、動物も、生きていくために必要に迫られて行っている物質的な活動、今の言葉で言うと「労働[1]」だと考えられていました。

人間の本質は「自由」。これに対し、働くことは生存の必要に迫られて行う「不自由」な活動だから、人間的でない卑しい活動だと考えられていたのです。

実際に、ギリシャの自由市民は、哲学や政治といった真に人間的・理性的だと思われる活動を行い、生存のために必要な労働は奴隷に行わせていました。

働くことは卑しいという考え方は、日本人にとっては違和感があるかもしれません。また、生きるために必要な労働を奴隷にやらせていたことは、差別的だと考える人もいるでしょう。

しかし、働くことは卑しい活動であるというこの考え方は、古代ギリシャに限られた特殊なものではなく、その後も、ローマ帝国の支配を経て中世の終わりに至るまで、約二〇〇〇年間にわたって、ヨーロッパで長く生き続けていきます。

さくら「ヨーロッパの人って、今でも働くことは卑しいって思ってるのかな」

伊達「キリスト教の教理に『原罪』っていう言葉があるのって知ってる?」

真由「人は生まれながらにして罪を負っていて、それを償いながら生きていくということですか」

伊達「そう。神は、楽園ですごしていたアダムとイヴに対して、おいしそうに生《な》っていた禁断の果実だけは食べてはいけないと命じていた。しかし、イヴは蛇にそそのかされて禁断の果実を食べ、アダムもイヴに渡されて食べてしまったんだ。それを見つけた神は、命令に背いた二人に対し、罰を与えた。女性であるイヴには、苦しんで子どもを産むという罰。男性であるアダムには、土を耕して食べ物を得るという罰を[2]」

悠太「なんだか恐ろしい話ですね。ジェンダーの問題もありそうだし」

「働くこと」は「罰」?

歴史上、帝国が文化も言語も異なる人々を征服して領土を拡大していくときに、統治や支配の手段として宗教が利用されることが頻繁にみられました。[3] ローマ帝国の領土拡大とともに信者を広げていったキリスト教は、古代ギリシャの「労働」観の影響を受けながら、働くことは、原罪を犯したアダムに対して神が科した「罰」だと位置づけたのです。

人間は原罪を償うために働かされている。そうなると、私たちは、「先祖の罪を償うために、ときに残業や休日出勤もして働かされている」ということになって、違和感を覚える人もいるかもしれません。しかし、こうした考え方の名残《なごり》は、実は言葉として今も残っています。

例えば、英語のlabor（レイバー）という単語には、労働＝骨の折れる仕事という意味のほかに、別の意味があります。大きな病院にはLabor Roomという部屋がありますが、ここでいうlaborは陣痛や分娩《ぶんべん》という意味で、Labor Roomは分娩室＝子どもを産む部屋のことです。laborという単語は、神がアダムとイヴに科した「労働」の苦しみと「出産」の苦しみを同時に表した言葉になっているのです。

他にも「罰」としての労働という意味が残っている言葉があります。フランス語で労働を意味するtravail（トラバーユ）は、ラテン語の*tripalium*（トリパリウム）という言葉を語源としていますが、これはもともと三本の杭《くい》でできた鉄具を表す言葉で、人間への拷問道具という意味をもっているのです。

英語やフランス語の労働という言葉には、労働を罰や拷問とみるキリスト教の精神が込められているのです。

さくら「へー。ヨーロッパでは、働くことの背景にそんな意識とか歴史があったなんて、目から鱗《うろこ》です。この『罰』や『苦しみ』としての労働という考え方は、今のヨーロッパでも広く残ってるんですか？」

2

「美徳」としての「労働」
——宗教改革から産業革命、近代資本主義

伊達「歴史って、必ずしもそう一直線には進まないんだ。この『罰』としての労働観に異議を唱える人たちが、歴史上登場する」

さくら「学校の歴史の授業でも出てきますか？」

伊達「うん。ルターとかカルヴァンって授業で習ったよね」

さくら「はい、宗教改革ですね。たしか、一六世紀のドイツとかスイスで起こった出来事だったような。あと、免罪符を批判して宗教改革が行われたって習いました」

伊達「そう、その通り。たしかに、プロテスタントと呼ばれる改革派は、当時のキリスト教＝カトリック教会が、信者が犯した罪を免除する証書として免罪符を乱売したことを糾弾して、キリスト教の改革を唱えた。そして、その主張のなかで、免罪符批判より大きな意味をもつことになったのは、『労働』観の転換だったんだ」

悠太「『労働』観の転換？　歴史の教科書に出てきたっけ？」

『労働』観の転換

宗教改革が『労働』観の転換点だったということは、日本の教科書にはあまり出てこないかもしれませんが、ヨーロッパの人たちにとっては歴史的にとても大きな意味をもつことでした。ルターを代表とする改革派＝プロテスタントは、労働は神が人間に科した『罰』だというキリスト教＝カトリックの考え方を批判しました。そして、働くことは神の御心《みこころ》にかなう自由な行いであって、神が求めたこの行いに励むことによって、人は良い木にとどまり、良い実を結ぶという、聖書の新しい解釈を示しました。[4] 同じ聖書の解釈なのに、働くことが「罰」から「良い行い」に大きく変わったのです。

改革派は、月曜日から土曜日まで一生懸命働いて、日曜日に教会で祈りを捧《ささ》げれば、神から救いの確証が得られるという教えを説き、働くことは神から命じられた良い行いであるという労働観を、人々に植え付けようとしました。

ドイツ語にはBeruf（ベルーフ）という言葉があります。英語でいうと“be called”を意味する言葉です。そこで“call”しているのは誰か。それは神です。

Berufというドイツ語は、「神から呼び召された使命」を意味する言葉で、日本語では「職業」や「天職」と訳されています。フランスのtravailは「拷問」、ドイツのBerufは「天職」を意味するというのは、働くことの意味の歴史性や多面性を象徴しているといえるかもしれません。

さくら「へー、隣の国なのに言葉の意味が全然違うんですね。宗教改革で、実際に人々の考え方とか生き方って変わったんですか？」

伊達「いい質問だね。ルターを先駆者とする宗教改革の広がりに伴って、プロテスタントと呼ばれる新教徒の間には、禁欲的に生きること、神から与えられた天職に勤《いそ》しむことで、神からの救いの確証が得られるっていう考え方が広がり、まじめに働くこと自体に道徳的な価値が見出《みいだ》されるようになっていくんだ」

真由「まじめに働くことがいいことだっていうのは、日本人の道徳観と似てるかも」

「まじめに働くこと」は良いこと？

実は、「神から与えられた天職に勤しむことで、神からの救いの確証が得られる」という考え方は、単なる道徳観にとどまらず、資本主義の誕生とか経済の発展にもつながっていきます。

まじめに働くことを是とするプロテスタントの労働観は、旧教による迫害や宗教戦争を経て、ドイツからイギリスへ、さらにはイギリスから新大陸のアメリカへと伝播《でんぱ》。そして、旧世界のヨーロッパから船に乗ってたどり着いた新世界＝アメリカは、ＷＡＳＰ（ホワイト・アングロサクソン・プロテスタント）が作った国だと言われているように、プロテスタントの勤労の精神がその発展の原動力の一つになったのです。ヨーロッパから大西洋を渡ってアメリカの東海岸にたどり着いた人たちは、アメリカ大陸を東から西へと開拓していき、西海岸のカリフォルニアまで着くと、さらに太平洋を渡ってハワイやアジアにも進出していきます。その際、勤労を基盤とした開拓者精神（フロンティア・スピリット）が富や名声につながるというアメリカン・ドリームを思い描きながら、領土的にも経済的にもその支配領域を広げていったのです。この勤労を奨励するプロテスタントの倫理が、自由競争を基盤としたアメリカの近代資本主義を生み出したことを明らかにしたのが、近代社会学の創始者といわれるマックス・ヴェーバーの『プロテスタンティズムの倫理と資本主義の精神』（一九〇四年）です。

この論文によれば、宗教の考え方が、人々の意識や生き方に影響を与えて、世界の経済や社会のあり方を大きく変えていったのです。宗教は、帝国が統治の手段として利用したという歴史もあるし、人々の考え方や社会のあり方を変える大きな原動力になることもあります。人間の社会は、数字や科学で変わることもあれば、情熱や信仰で変わることもあるのです。

今のヨーロッパやアメリカでも、このような宗教観や労働観は残っています。型に嵌《は》めて世の中をみることはよくないことですが、一つの傾向とか特徴としていえば、カトリックの影響が相対的に大きく残っているイタリアやフランスでは、仕事に縛りつけられることを嫌い、労働から解放されたバカンスを生きがいとする意識が今でも根強く残っています。これに対し、プロテスタントの影響が大きいドイツやアメリカでは、まじめに働くことは良いことだという勤労の意識が相対的に強いといえるかもしれません。

宇野「たしかに、フランス人の友だちは、夏のバカンスを最大の目標にして一年を過ごしてるって言ってたな」

さくら「じゃあ、日本人の宗教観とか労働観ってどうなってるんですか？」

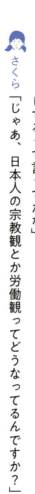

3 日本の「労働」観

——農耕社会から近世日本、戦後の企業共同体

伊達「日本人の宗教観とか労働観って、ヨーロッパやアメリカの人たちと同じだと思う？　違うと思う？」

さくら「違ってそうな気がするけど、どこがどう違うんだろう？」

悠太「まじめに働くことはいいことだって思ってるところは、プロテスタントと似てる気がする」

真由「でも、プロテスタントとは由来が違ってそう」

宇野「実際に働いていて、アメリカ人のフロンティア・スピリットみたいなものを原動力にしているっていう感覚はあまりないかも」

伊達「そう。日本人の労働観って、ヨーロッパやアメリカとは違うところから出てきてるんだ」

日本人の労働観は、「共同体における和」を重視する日本の伝統的な社会のあり方に由来するのではないかといわれています。六〇四年に聖徳太子《しょうとくたいし》（厩戸皇子《うまやどのおうじ》）が制定したとされる一七条憲法は、冒頭の第一条で「和を以《もっ》て貴しと為《な》す」としています。このことにも象徴される日本人の「和の精神」の起源がどこにあるのかについては、いくつかの説が唱えられてきました。

一つ目は、日本の気候や風土に由来するという説です。哲学者・倫理学者の和辻哲郎《わつじてつろう》は、従順な自然を支配するために合理的精神が発達していったヨーロッパとは異なり、日本は突発的な台風など自然の暴威にさらされながらも豊かな食物を得られるモンスーン地域であるということに注目しました。この風土の下で、日本では、自然を受け容《い》れて耐え忍ぶ性格が育《はぐく》まれ、感情で結びついた共同体が形成されていったと考えたのです。(5)

二つ目は、日本の農業技術に由来するという説です。農耕社会になり、水田耕作、そのなかでも水をためたり抜いたりすることが必要な乾田法米作が支配的となった日本では、田に水をためたり抜いたりする人工灌漑《かんがい》が必要となりました。そのため、この灌漑システムを作り守っていく組織的単位として農業共同体が形作られ、組織指向をもつ文明が築かれていったという見解です。(6)

三つ目は、日本の地理的な条件に由来するという説です。日本は、旧世界（コロンブスがアメリカ大陸を発見する以前にヨーロッパの人びとが存在を知っていたヨーロッパ、アジア、アフリカからなる世界）の東の端に位置し、砂漠の遊牧民による攻撃と破壊という中央アジア的な暴力から免れた温室的な場所に位置していました。この地理的な環境のなかで、日本は、外的侵略から自らを守るための中央集権的な軍事体制をとる必要性に迫られず、自然発生的な共同体による分権的な社会が維持されたとする見方です。[7]

四つ目は、日本の宗教思想に由来するという説です。一神教であるキリスト教では、神と個人との一対一の関係のなかで「自律した個人」が形成されたといわれています。これとは対照的に、日本では、原始的な信仰の多神教的な性格をもとにしつつ、聖徳太子の仏教の包括的な性格（他の宗教を排除せずになかに取り込んで融合させるという特徴）に由来する「神仏習合」思想が広がっていました。そのなかで、日本人の精神的な拠《よ》り所は、神（宗教）よりも人間関係（人倫共同体）に求められたという見解です。[8]

おそらく、これらの説のうちどれか一つだけが正しいというのではなく、これらのいくつかの要因が結びつきながら、日本の伝統的な社会、つまり、「自律した個人」より「共同体における和」の精神を重視する社会が、歴史的に形作られていったといえるのではないでしょうか。

悠太　「へー、欧米とは全然違うんですね」

さくら「それに、気候とか、農業とか、地理とか、宗教とか、いろんなことが私たちの意識とか考え方に関係してるって、なんだかすごい」

宇野「会社で、自分の個性をアピールするよりも、周りの空気を読むことが大切だっていう雰囲気があるのも、この伝統的な『和の精神』に関係してるのかな」

真由「この『共同体における和の精神』って、日本人の労働観とどう関係してるんですか？」

伊達「だんだん核心に近づいてきたね。日本人の労働観は、この伝統的な共同体の一形態である『イエ』の理念[9]と結びついたものとされていたんだ」

日本人の「労働」観――「家業」から「企業共同体」へ

時代的にはヨーロッパの宗教改革の少し後になる江戸《えど》時代の日本。「働くこと」は、日本独特のイエの理念と結びつけられ、「家業」として認識されていました。

この「家業」の観念は、①家族の生活手段を得るための「生業《なりわい》」としての側面と、②社会（世間）から与えられた自らの分を果たすという「職分」の側面をもつものと考えられていました。この二つの側面が互いに浸透し並存しあう形で、日本固有の「労働」観である「家業」という観念が形作られていたのです。[10]

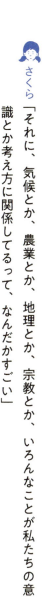

　このうち、「職分」（②）を果たすという点では、武士も、農民も、職人も、商人も、同じ観念の下に位置づけられていました。江戸時代中期の思想家である荻生徂徠《おぎゅうそらい》が唱えた「全人民役人」論（士農工商それぞれが社会の公共的な役割を果たしているという考え）や、それとほぼ同時期に庶民の生活哲学といわれる石門心学《せきもんしんがく》を開いた石田梅岩《いしだばいがん》の「四民の職分」論（士農工商の四民はそれぞれの職分を果たす点で平等であるとの考え）は、この日本の「職分」観を表すものでした。それぞれの身分の者が、それぞれ社会から与えられた職分を果たすべきであり、勤労・倹約に励むことがそれぞれの人の徳につながるという宗教観・道徳観が、江戸時代の庶民の間にも広がっていったのです。[11]

「家族のため（①）、社会のため（②）に働く」ことを天職とするこの労働観は、江戸時代が終わった後も根強く残り、日本が近代化を推進していく大きな原動力となったといわれています。明治維新によって世襲的な身分制度の枠から解放された庶民層が、新たにイエを築き（①）、立身出世して世の中に貢献する（②）ことを目指して、懸命に働こうとするエネルギーが、日本の近代化を推し進める一つの源泉となったのです。[12]

　さらに、第二次大戦後の高度経済成長期には、会社（カイシャ）が家族（イエ）に類似する組織――「準イエ」としての「企業共同体」――となって、「終身雇用」「年功序列」「企業別組合」を柱とする家族的な経営（いわゆる「日本的雇用システム」）が広がっていきます。

こうして、「一種の家族である会社のため（①）、世の中のため（②）に一生懸命に働く」ことは良いことだという意識が、日本社会のなかに植え付けられ、広がっていったのです。

宇野「んー、こういうことって全く意識しないで働いてきたけど、たしかに、会社に入ったからには、会社のためにがんばって働かなきゃっていう空気みたいなものがあるかもしれない」

真由「私はもうすぐ就活だけど、私たちはこういう日本の労働観を受け容れて働かなきゃいけないんでしょうか。滅私奉公みたいでちょっと不安です」

さくら「そもそもこういう労働観って、善し悪しってあるんですか？　欧米の話と日本の話を聞いてみて、どれが良くてどれが悪いのか、わからなくなってしまいました」

4 「働くこと」の意味

伊達　「労働観に善し悪しがあるのか、というのも本質を突いたいい質問ですね。真由さんとさくらさんの質問に答えるために、こちらからも一つ質問です。皆さんは、次の二つの人生のうちどちらを選びたいですか？　一つは、働くことを喜びと感じて、働くことを生きがいにする人生。もう一つは、働くことを苦しみと感じて、働くこと以外のこと、例えば趣味を生きがいにする人生。歴史とか住んでる国とかに関係なく、自由に選べるとしたらどっちを選びますか？」

宇野　「んー、今の自分の状況からすると、喜びだと思って働くことかな」

真由　「私はやっぱり趣味を選びます。生活のためにある程度は働かなきゃいけないって覚悟はしてますが」

悠太　「僕は両方を選びたいです。仕事も趣味も」

さくら　「私はまだ頭が混乱してて、どっちを選んでいいかわかりません」

伊達　「では、答えを探すために、これまでの話を踏まえながら、『働くこと』の意味について、少し考えてみましょうか」

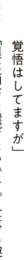

働くことの「社会性」と「経済性」

これまでの話からわかるように、人間の歴史上、働くことは罰（苦しみ）と捉《とら》えられることもあれば、美徳（喜び）と捉えられることもありました。そして、この労働観は、それぞれの国や時代の宗教観や社会観と密接にかかわり合いながら生まれ、また時に、大きく変化するものでもありました。

この歴史や社会の動きをみてみると、働くことは、その本質的な特徴として、次の二つの側面を併せもっているといえそうです。

第一の側面は、人間が生活していくうえで必要な社会的な結びつきを基礎づける一つの媒体となるとともに、アダム・スミスが述べていたように、経済的な価値を生み出す源泉となるという性格です。[13]

人は、職場で上司や同僚と働くことによって、他者とのつながり（社会性）を得ることができますし、会社という共同体に所属することで生きるうえでの一つの拠点を得ることができるかもしれません。また、人は働くことによって生活していくためのお金を稼ぐことができますし、さらには、みんなが一生懸命働くことで、会社やその国の経済の発展につながることもあります。その意味で、働くことは「社会性」や「経済性」をもつものということができます。

働くことの「他律性」と「手段性」

第二の側面は、第一の側面の反面ともいえる特徴です。すなわち、働くことは、他人の指示や命令に従って行われることが多いという性格と、生活に必要なお金を稼ぐためにあるいは会社や国の経済的な発展のために働くという、経済のための手段という性格をもっています。

例えば、会社からの指示や命令に反して自分の思うままに働くことは許されないことが多いでしょう。また、働かずに趣味に生きたいと思う人でも、生きていく糧を得るため、あるいは、会社の利潤追求や国の就労促進・経済政策の一環として、まじめに働くことが求められることもあるでしょう。その意味で、働くことは「他律性」や「手段性」をもち、それ自体を目的として自由に行うことができる活動とはいいきれない側面をもっているのです。

さくら「なるほど。働くことにはいろんな側面があって、単純に、働くことは良いことだとか悪いことだとはいえなそうですね」

真由「んー。宇野先輩は、働くことの社会性とか経済性とかを前向きに捉えていて、私は、働くことの他律性とか手段性について不安をもっていることになるのかな」

伊達　「そう。この働くことの二面性について、どちらを重視するかで『労働』観が変わってくるんです。働くことの他律性や手段性を重視すると労働を『苦しみ』とか『罰』と捉える考え方に近づくし、社会性や経済性を重視すると労働を『喜び』とか『美徳』と捉える考え方に近づくことになります」

悠太　「どっちか一方に決めるのではなく、いろんな面があるって考えておけばいいのかな」

伊達　「そう。まず、いろんな面があるということをきちんと認識することが大切です。それとあわせて、どちらかに偏りすぎると問題が起きるということも理解しておいたほうがいいですね」

宇野　「偏りすぎると問題？」

「働くこと」の意味――二つの側面から出てくる問題

働くことの二面性をめぐっては、そこから発生する問題を意識しておくことも大切です。

問題の一つは、働くことの「社会性」や「経済性」を重視し、その「喜び」や「美徳」

としての側面が前面に出すぎると、もう一方の側面である「他律性」や「手段性」への意識が後退してしまって、人間としての自律性や生きる目的が見失われてしまうおそれがあることです。まじめに働くことはいいことだという労働観の下で、過剰に働かされ、何のために働いているのか、何を目的として自分は生きているのかを見失っていく現象、例えば日本で問題になっている過労死や過労自殺は、その典型的な例といえるでしょう。

もう一つの問題は、働くことの「他律性」や「手段性」を問題視し、その「苦しみ」や「罰」としての側面を前面に出しすぎると、働くことが担っていた「社会性」や「経済性」が後退して、人びとが社会的な結びつきや経済的な基盤を失うおそれがあることです。働く機会がなく社会とのつながりを失ってしまう現象、例えば、失業している期間が長期化し社会との結びつきを失っていくなかで生じる社会的排除の問題や、社員や国民がまじめに働かないために会社の経営状況や国の経済状態が悪くなってしまうという現象は、その例といえます。

さくら「ということは、働くことの二面性をきちんと認識して、どっちかに偏りすぎないようにすることが大切だってことになるのかな」

悠太「やっぱり僕は、仕事と趣味の両方を大切にしたいな」

宇野

「たしかに、両方のバランスが大切だってことは頭では理解できたような気がするんですが、実際に会社で働いてると、働くことには『他律性』とか『手段性』があるから、自分自身の『自由』を大切にして人生の『目的』を追い求めますとは、なかなかいいにくいですね」

伊達

「そう。そこに日本のもう一つの問題が潜んでいます。日本では、単に働くことを『喜び』とか『美徳』と捉えているだけでなく、その意識が、会社＝企業共同体という『集団』の論理と結びついているところに、問題の深刻さがあります。この二つが結びついて、会社という『集団』の論理で働くことを『喜び』と思わせる意識――一種の無意識の意識――が醸し出されるなかで、働いている『個人』が『集団』の論理のなかに埋没してしまって、自分自身の肉体や精神が蝕《むしば》まれるまで働かされてしまうという深刻な病理――過労死や過労自殺という世界的にみて異常な事態[14]――が生じてきたんです」

悠太

「無意識の意識？　自分が思っていることって、実は世の中からそう思うように仕組まれてるってことですか」

真由

「私は、やっぱり、そういう会社の論理には染まりたくないって思うんですが、会社の論理より個人を大切にする働き方って、日本ではまだ難しいんでしょうか」

伊達

「そういう意識をもつことはとても大切なことだし、決して難しいことではないと思うよ。この点は、その前提にある話をもう少ししたうえで、未来に向けた話として、また後でお話しすることにしましょう」

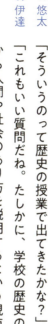

5 「働き方」の歴史①――狩猟採集社会から農耕社会へ

真由「働くことの意味とか、二面性というのは、何となくわかった気がするんですが、働き方そのものは歴史のなかでどう変化してきたんでしょうか。働き方が変わると、人の意識とか生活も変わるような気がするんですが」

悠太「そういうのって歴史の授業で出てきたかな？」

伊達「これもいい質問だね。たしかに、学校の歴史の授業では、『働き方』という切り口から人間や社会のあり方を説明するという視点はあまりなかったかもしれないね。人類の歴史はすごく長いから、大きな流れと重要な転換点に焦点を当てながら、人間の『働き方』の歴史についてみていくことにしましょう」

狩猟採集社会における労働と生活

地球ができたのがおよそ四五億年前。人類（ホモ属）が猿人から進化して登場したのが約二五〇万年前。そして、現生人類（ホモ・サピエンス）へと進化したのが約二〇万年前だといわれています。人類は、その誕生から現在までのほとんどすべての期間、狩猟採集民として生活してきました。

狩猟採集社会における主な労働は、食料になる動物の狩りをし、木の実や昆虫などを採集することでした。その生活の実態は極めて多様であったと考えられていますが、多くの場合数十人、最大でも数百人からなる小集団で生活し、食料となる動物や植物を探して移動していたと推測されています[15]。

この狩猟採集生活での労働時間は比較的短く、ビタミン、ミネラルなど必要な栄養素を含む多種多様な食べ物を摂取し、感染症に悩まされることもなく、一般に背が高く健康的な生活を送っていたといわれています[16]。この狩猟採集社会では、食料を貯蔵する技術がなく、手に入れた食料をすぐに分け合いながら食べていたことから、短期的な思考、分かち合いの文化とともに、必要以上の物質を求めない性向をもっていました。その後の農耕社会と比べると、平等で、安定し、永続的な社会が形成されていたのではないかといわれています[17]。

悠太「人類が狩りや採集をしていた時代って、人類の歴史のほとんどを占めていたって知らなかった」

さくら「それに、そのころの人間って、自然と一体化しながら、想像以上に豊かで安定した生活を送っていたんですね」

真由「現代のナチュラリストと通じるところがあるのかな。その後の社会でも、この自然主義って続いていくんでしょうか」

農業革命と農耕社会への移行

人類誕生から二五〇万年にわたる長い狩猟採集社会を経て、現在より約一万年前（紀元前八五〇〇年ごろ）に農業革命が起こり、農耕社会へと移行していくことになります。

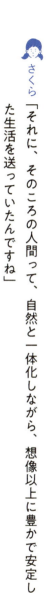

そのきっかけは、気候変動にあったといわれています。およそ一万八〇〇〇年前から一万一〇〇〇年前の最後の氷期から現在の温暖な時期（間氷期）への移行によって、生態系の大きな変化が起きました。この環境変化により一部の狩猟採集民の食料不足が深刻化するなかで、食料を貯蔵したり、植物の栽培と動物の家畜化を試みたりすることで自ら食料を生産しようとする農業革命が始まります。その動きは、トルコ南東部とイラン西部の丘陵地帯などの限られた範囲でゆっくりと進み、紀元前九〇〇〇年ごろまでには小麦の栽培とヤギの家畜化に成功したといわれています。[18]

この農業革命は、自然と人間の関係という観点からは、人間が自然空間に手を加えて文化的な空間に変えていき、その管理を行うようになったことを意味しています。そして、農業革命による農耕社会への移行は、人間に大きな苦難を与えることにもなったのです。

そもそも、農耕社会では食料の種類が少なく、干ばつ、火災、地震などの災害で小麦やジャガイモなどの作物が台無しになると、人びとは深刻な飢餓に見舞われることになりました。また、天然痘《てんねんとう》、麻疹《はしか》、結核などの感染症が家畜を媒体として人間にも広がるようになり、農耕民は感染症の蔓延《まんえん》にも悩まされるようになりました。さらに、植物の栽培と家畜の飼育には時間と手間がかかり、貯蔵した食料や定住する土地（村落）を外敵から守るために防壁を作り見張り番を置くことも必要になるなど、労働の量とともにストレスも増えたとされています。そもそも、長年の狩猟採集社会のなかで進化し生存してきたホモ・サピエンスの身体は、木に登って果実をとったり獲物を追いかけたりすることに適応しており、農耕作業には向いていませんでした。そのため、農耕作業を行うなかで椎間板《ついかんばん》ヘルニアや関節炎など多くの疾患にも悩まされるようになり、狩猟採集民より寿命も短くなったと推測されています。

このような苦難があったにもかかわらず、農耕は狩猟採集よりもはるかに生産性が高かったため、農耕民は、食料の増加と人口の増加を伴いながら耕作地と定住地を拡大していき、数の力で狩猟採集民を圧倒するようになっていきました。(19)

さらに、約八〇〇〇年前になると、農業革命の結果、都市が誕生するようになります

（いわゆる「都市革命」）。農業生産性が高まって官僚・芸術家・政治家などの都市の人口を養うのに十分な食料の余剰が生み出されるようになると、都市が出現し、農村部では食料の生産、都市部では地位・富・娯楽・権力の追求がなされるようになったのです。そして都市部では、新たに誕生した職業に基づく共同体も生まれます。大工、石工、建築家、技師、下水処理人など新しい専門職が誕生すると同時に、大規模な集団（都市）の秩序を維持する官僚、裁判官、兵士なども必要になります。そのなかで、職業と一体化した社会的アイデンティティ（職業内での協力・支え合いの関係）も生まれていったのです。(20)

宇野　「農耕社会の生産性の高さが、都市とか専門的な職業を生む源泉となったんですね。働き方も、狩猟・採集とか農耕だけでなく、新しい専門的な職業が生まれていくもととなったのが、農業が生み出す余剰だったというのも興味深いです」

真由　「でも、その生産性や余剰を生み出す農耕作業って、そこで働く人たちに過酷な労働を課すもので、身体的にも大きな負荷がかかるものだったんですよね。こんな辛《つら》い思いをするくらいだったら、元の自然な生活に戻ろうってならなかったんでしょうか」

6

「働き方」の歴史②——工業社会への移行と労働法の誕生

伊達

「なぜ、過酷な農耕社会から穏やかな狩猟採集社会に戻ることができなかったのか。現代にもつながるいい質問だね。その理由として、次の二つの説明ができるかもしれません。

一つは、一旦《いったん》生産性の高い生活を始めてしまうと、それが人間や環境にとって過酷な条件を強いるもので、それをだれも想像したり望んだりしていなかったとしても、解き放たれた変化の力に抗《あらが》うことができなくなるという説明です(21)。

もう一つは、欠乏の無限の連鎖という説明です。農耕社会で生産性が向上すると人口が増え、増えた人口のニーズを満たすために耕作地を拡大しなければならないし、新たに誕生した都市部のニーズにも応《こた》えなければならない。人間の欠乏＝欲求は永遠に続き、人間はそれを満たすために懸命に働き続けなければならないという説明です(22)。」

真由

「生産性の向上を求めるようになると、逆戻りが難しくなり、それが雪だるまみたいに大きくなって、永遠に続く可能性があるってことですか」

さくら「人類にとってその転機が農業革命であり、農耕社会への移行であったということでしょうか」

伊達「うん、そういえるかもしれないね。そしてその後も、人間は同じような転機を経験することになります」

産業革命と工業社会への移行

農耕社会では、古代ローマのように洗練された生産性の高い農業文明をもっていた地域でも、人口の五人に四人は農村部に住み、五人に一人は都市部で農耕以外の専門的な職業に就いていたといわれています。農耕社会での生産活動は、主として家族で営む農場や工房で行われていました[23]。

これを変える大きな転機となったのが、一八世紀後半にイギリスを起点として始まった産業革命です。

一七六九年にイギリス人のジェームズ・ワットが蒸気機関を作り、一八一四年にはジョージ・スティーブンソンが蒸気機関車を作り出して、一八二五年に蒸気機関車が実用化されました。化石燃料エネルギーを動力としたこれらの機械の発明により、人力や家畜の力に頼らず、大工場で大量に製品を生産することが可能になり、大量に生産された安価な製品を蒸気機関車や蒸気船によって遠くまで運ぶこともできるようになったのです。

　このイギリスを起点とした産業革命が各国に広がっていくなかで、それまで小規模の工房で親方と職人・徒弟たちが手作業で作っていた製品の多くは競争力を失っていきます。生産の拠点は、小規模の家族的経営（家内制手工業）から都市部の大工場に移っていくことになるのです。

　この都市部の大工場では、小規模の工房で培ってきた技能が市場価値を失い工場で働かざるを得なくなった者や、農村を離れて都市に移動してきた者などが働いていました。そこでは、日当たりや風通しの悪い環境で、一日一二時間から一五時間、祝日や休暇はなく、場合によっては日曜休日もなく、単純な反復作業に従事させられるという過酷な状況がみられるようになりました㉔。

　この工場労働者の困窮状態は、本格的な工業化の進展（一九世紀）の前に起こっていた市民革命によって、より深刻さの度合いを増すことになります。例えば、一七八九年にフランス革命が起こり、一八〇四年には民法典（いわゆる「ナポレオン法典」）が公布されていました。この市民革命は、「自由で平等な個人」が締結した「契約」に基づいて社会を形作ることを目指すもので、それ以前の封建的な規制・束縛（例えば国王や領主による強権的な命令・支配）から個人を解放するという側面をもっていました。

　しかし、これは同時に、人びとから伝統的な共同体による保護や安定を奪うことも意味していました。「個人の自由」を基盤とした社会は、職業と結びついた共同体的な保護（同業組合）や小規模の工房での家族的なつながりを奪いとりました。人間的な保護を奪われた「個人」は、「自由で平等な契約」の名の下で、工業化の過酷な波にさらされることになったのです。当時の市民法秩序の下では、共同体による保護を奪われた状態で過酷な労働を余儀なくされることも、個人の自由な「契約」に基づくものとして適法だと考えられていました。

さくら「農業革命も、産業革命も、働いている人を過酷な状況に追い込むことになったんですね。歴史って、社会を少しずつ進歩させて、人びとを幸せにしてるんだって何となく思ってたんですけど、そうとばっかりはいえないんですね」

悠太「それに、市民革命って、市民にとっていいことだって思ってたんだけど、いいことばかりじゃなかったんですね」

真由「その過酷な状況って、今日までずっと続いてるんですか」

伊達「いや。人間は、そこにブレーキをかけるんです。民主主義というルールを生かして」

労働法の誕生

工場労働者の悲惨な状況が深刻化していった一九世紀のヨーロッパで、この状況にブレーキをかけるものとして登場したのが、労働法でした。

労働法は、次の二つの点で、市民革命がもたらした「個人の自由」を修正するものでした。一つは、労働時間規制[25]や社会保険制度[26]など、労働者に一律に与えられた「集団的保護」です。これは、労働者を危険・過酷な労働や生活の不安定さから守るという観点から、当事者間の契約の自由に制約を課し、労働者に人間的な保護を与えようとするものでした。

もう一つは、労働者が団結して使用者と団体交渉をし、その際にストライキなどの団体行動を行うことを認める「集団的自由[27]」です。これは、労使間の力関係の格差のなかで事実上自由を奪われていた労働者に対し、集団として自由を行使することを認め、労使間の事実上の力関係の格差を是正しようとするものでした。

このような形で、市民革命がもたらした個人の自由を修正し、労働者に集団的な保護・自由を与える労働法が誕生した背景には、市民革命がもたらしたもう一つの重要な側面である国民主権＝民主主義という法原理があったことも、歴史的には大切な点です。一九世紀に産業革命＝工業化が進展し、過酷な状況で働いていた工場労働者の数が増加していくなかで、フランスでは一八四八年、ドイツでは一八六七年、アメリカでは一八七〇年に、納税額等の制限のない普通選挙制度が導入されました（当時はまだ成人男子に限定されてはいましたが)。この民主主義の基盤の拡大のなかで、数が増加していた工場労働者の声が政党や議会の場に届くようになり、労働者の置かれた状況を改善する法律(労働法)が制定されるようになったのです。

真由「労働法って、市民革命がもたらした民主主義を基盤にしながら、市民革命の負の側面を修正していったんですね。歴史って複雑に絡み合ってるんですね」

さくら「この時代、今からいうと二〇〇年から一五〇年くらい前にできた労働法って、今の時代の労働法と基本的に同じものなんですか?」

7 「働き方」の歴史③——労働法の発展とグローバル化

伊達　「法制度は、確固たるものとして存在し続けるのか、時代によって変わるのか。難しいけど、いい質問だね。法制度というのは、基本的には、人間がそのときそのときの社会や思想のあり方に規定されながら作り出しているものなので、その背景にある社会や思想のあり方が変わると、法制度の内容も変わっていくことが多いといえるかな」

宇野　「法律改正ってよく聞くけど、時代背景が変わって法律が改正されるってこともあるんですね」

テイラーとデュルケームとケインズ

一九世紀に誕生した労働法は、二〇世紀前半になると、その当時の社会的・思想的な背景と結びつきながら、大きく発展していくことになります。当時の背景としては、大きく三つのものがありました。

一つは、生産管理システムとしてテイラー主義が普及したことです。アメリカのフレデリック・W・テイラーは、一九世紀末から二〇世紀初めにかけて、生産過程を細分化し、各作業を徹底した時間管理・動作管理の下に置くことによって、生産・経営の効率化を図ることを推奨しました。テイラー主義と呼ばれるこの科学的管理法は、大量生産体制を世界的に普及させる大きな原動力になりました。この科学的な生産管理システムが広がるなかで、チャップリンの「モダン・タイムス」のように、「大工場のなかの一つの歯車」として流れ作業に従事させられる労働者が増加していきました。

二つ目は、そのような時代の社会思想として、「連帯」という考え方が台頭してきました。例えば、フランスの社会学者エミール・デュルケームは、一九世紀末から二〇世紀初めにかけて、細分化された諸個人の自由や欲望が増大することによって社会が規律のない状態に陥ることを避けるためには、個人と個人の間の有機的な結びつきこそが重要であるとする「連帯」理論を説きました[28]。この考え方は、その後の社会運動や法理論・法政策の展開に大きな影響を与えました。

三つ目は、経済思想として新しく台頭したケインズ主義です。一九世紀には、一八世紀後半にフランソワ・ケネーやアダム・スミスによって提唱された自由主義思想が支配的になっていました。これに対し、イギリスの経済学者ジョン・メイナード・ケインズは、一九三六年に『雇用、利子および貨幣の一般理論』を公刊しました。彼はそこで、自由放任主義に内在する構造的問題を克服するためには、国家の積極的な市場介入によって完全雇用を実現し、購買力を高めていくことが重要であるとする理論を展開したのです。この新たな経済思想は、その後の各国の経済政策に大きな影響を与えるものになりました。

これらの社会的・思想的背景のなかで、一つの標準的な労働者像が描き出されました。それは、「工場で集団的・従属的に働く均質な労働者」であり、この均質な労働者に対し、「福祉国家」と呼ばれる国家が集団的・画一的な保護を与えるというのが、二〇世紀の労働法の基本的な姿でした。

労働法の発展——ニューディールと「黄金の循環」

この二〇世紀の労働法が世界的に脚光を浴びるようになった出来事は、一九三〇年代のアメリカで展開されたニューディール政策でした。

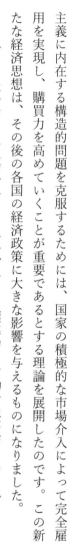

一九二〇年代後半に生じた過少消費と不況の悪循環（デフレ・スパイラル）のなかで、世界は大恐慌に陥りました。そのなかで、一九三三年にアメリカ大統領に就任したフランクリン・D・ルーズベルトは、労働法と社会保障法を強化することによって、労働者層の購買力の引上げを通じた経済の回復を図ろうとしたのです。

このように経済政策の一環として位置づけられた労働法は、第二次大戦後の経済成長期に、経済の成長と連動しながら大きな発展を遂げることになります。労働法や社会保障法の充実により消費が拡大して経済が成長し、その成長の成果が労働法や社会保障法の充実という形で労働者に分配され、さらなる消費拡大・経済成長につながるという「黄金の循環」が、先進諸国の間で広くみられるようになったのです[29]。

さくら「経済成長と労働法が一体となって、働く人の生活が豊かになっていったんですね」

悠太「働く人が豊かな暮らしを送れるようになったのって、狩猟採集社会以来のことじゃないですか。約一万年ぶりですね」

真由「このまま『黄金の循環』がずっと続けばいいんだけど」

サービス産業の拡大とグローバル競争

しかし、「黄金の循環」はそう長くは続きませんでした。一九七三年に起こった石油危機を契機に、労働者の置かれた状況は大きく変わっていくことになります。そこには、大きく三つの背景がありました。

一つは、高度経済成長の時代が終わり、低成長やマイナス成長の時代になるなかで、「黄金の循環」が反転したことです。石油危機を契機に経済成長のスピードが鈍化し失業者が増えると、税金や社会保険料の引上げという形で社会的負担が増加し、それが国民や企業の経済活動の制約につながります。それによって経済状況が悪化すると、さらに社会的負担や財政赤字が増加するという悪循環が生じるようになったのです。

二つ目は、科学技術の発展により製造現場の機械化・自動化が進み、工場労働者の人数が減少していくなかで、人びとの新たなニーズ・欲求に応える形でサービス業が急速に拡大していったことです。このサービス経済化は、人びとの働き方を、時間的・空間的に拘束された集団的・均質的なものから、サービスのニーズに沿った多様なものに変化させるものでもありました。[30]

三つ目は、一九七〇年代の石油危機、一九八〇年代の規制緩和政策（レーガノミックス、サッチャーリズム）を契機とした国際競争の激化に加え、一九九〇年代以降の情報化の進展によって、経済のグローバル化が世界的に加速したことです。このグローバル競争の進展は、不平等の拡大（少数の高額所得者層に富が集中し大多数の労働者層の実質賃金は停滞する現象）や社会的排除（無業・失業が長期化し社会とのつながりを失う現象）という社会問題とともに、デフレ・スパイラルという経済問題を発生させることにもなりました。[31]

さくら「いいことって、そんなに長くは続かないんですね」

真由　「こういう社会背景のなかで、日本では一九九〇年代以降、『失われた三〇年』っていわれる経済の停滞が生じたんですね」

宇野　「最近の日本の『働き方改革』にもつながってる話だと思いました」

伊達　「そう。社会と経済と法律って、密接に結びつきながら動いてるんだよね。特に、世の中が複雑になればなるほど、どれか一つが単独で動くってことが難しくなるんだ」

8 「働き方」の歴史④——デジタル社会の到来

悠太「だいぶ、いまの話に近づいてきましたね。二五〇万年にわたる人類の歴史を経て」

さくら「そういう歴史を踏まえた上で、いま働いている人やこれから働く人にとって、未来に向けた一番の課題って何なんでしょう？」

宇野「やっぱり、デジタル化かなあ。ここ一、二年だけでも、AIを使って仕事をしたり、デジタルで勤怠管理を受けることが増えてきてるし」

デジタル化と働き方

まさにいま、デジタル技術の急速な発展により、人間の働き方は大きく変わろうとしています。AI（人工知能）とビッグデータが結びついて発展するなかで、文章等のコンテンツを自動で作り出す生成AI（ChatGPTなど）やAIを搭載したロボットの活用が進んでいます。これによって、これまで人間が行っていた作業の多くはAIやロボットに代替され、あるいはそのサポートを受けながら、行われるようになってきています。この働き方の変化は、工場等で働くブルーカラー労働者だけでなく、会社で事務作業等を行うホワイトカラー労働者についても起こっています。

これからのデジタル社会では、世界中どこからでも瞬時に情報のネットワークにアクセスできるようになります。それを利用して、時間や空間や組織にとらわれない働き方が広がり、世界的なネットワークの下で細分化された業務を個人が受注して行うという働き方（ギグ・ワーク）も国境を超えて拡大しつつあります。同時に、生成ＡＩ・ロボットと人間との間で、仕事の棲《す》み分けも進んでいます。そこでは、人間には、ＡＩやロボットができない仕事、特に創造力、想像力、対人関係能力、価値判断といった主体的・人間的な能力を発揮することが求められる（その価値が相対的に高まる）ようになっています。

悠太「受験する大学や学部を選ぶときに、今後どの仕事がなくなって、どの仕事が生き残るのか、友だちと話題になったりしてます」

さくら「創造力とか想像力って、ちょっと分かりにくくてイメージが湧きにくいです。例えば、建築家とかデザイナーとか作曲家の方ってそういう能力を生かしてお仕事をされてるんでしょうけど、私にそういうクリエイティブとかイマジネーティブな能力があるかっていわれると、自信がありません」

真由　「そんなに難しく考えることもないんじゃないかな。一つひとつの仕事のなかで、AIのサポートを得ながら、そこに自分なりの工夫を加えて、相手に伝わりやすくするとか、お客さんの個別の注文とかニーズに応じたアレンジを加えることとかも、ある意味では創造力とか想像力っていえるんじゃないかな」

宇野　「対人関係能力って、コミュニケーション力ともいわれてるものですよね。いまの会社でも、丁寧にコミュニケーションをとるようにして、相手のニーズに臨機応変に対応するとか、相手の共感や信頼を勝ち取ることが大切だっていわれてます」

伊達　「人間として責任をもって価値判断をすることも大切です。AIは人間が作ったソフトに従い過去のデータに基づいて判断をする道具にすぎないので、AIを使うときも最終的な判断の責任は人間がとらなければいけないんです。例えば、医療の世界で、患者のデータや検査結果をすべて入力すると、AIが過去のビッグデータに基づいて考えられる病名、治療法の選択肢、処方する薬の候補を瞬時に示してくれるようになるでしょうが、そのなかで、例えばどの治療法を選択するかの最終的な判断は医師が患者と話し合いながら責任をもって行うことが必要です。この点で、責任をもって価値判断をする仕事は、AIに任せられない、人間が行うべき重要な仕事だといえます」

デジタル化による失業のリスク

もちろん、デジタル化の進展のなかで生じる弊害や懸念も指摘されています。

一つは、ＡＩやロボットによって人間の仕事が奪われてしまい、失業者が増加するという懸念です。

たしかに、一時的には、ＡＩやロボットによって人間の仕事が奪われ、失業者が増える可能性はあるでしょう。しかし、これまでの歴史を振り返ると、中長期的には、人間の欲求の連鎖によって新しい商品のニーズが生まれ、そこに新しい産業や仕事が誕生することによって、労働者が働く場が新たに開拓されていくことが考えられます。

かつて、経済学者のアダム・スミスやジョン・メイナード・ケインズは、機械化や技術進歩によって人間の労働は機械に代替され、労働時間は大きく短縮されるというユートピアを描いていました。また、一九世紀の思想家カール・マルクスは、機械化による労働時間短縮によって人間を物質的な生産作業から解放し、人間にとって本質的な自己創造・自己実現の活動として労働を開花させるという理想を追い求めていました。[32]しかし、産業革命や技術革新により人間の労働が新技術に代替された後も、人間の欲求の連鎖や新技術を補完する人間の作業の必要性によって新しい仕事が生み出され、労働時間の大きな短縮や人間の労働からの解放が実現されるには至っていません。[33]

デジタル化によって人間の労働の新技術への代替が起こったとしても、人間の際限のない欲求やデジタル技術では完結しない仕事への人間の補完的作業の必要性から新しい仕事が生まれるという現象は起きるでしょう。だとすると、デジタル技術への代替により、失業者が増加し続けたり、人間が労働から解放されるユートピアが訪れたりすることには必ずしもならないのではないかと思います。

宇野　「その場合、AIやロボットに仕事を奪われた人は、新しい仕事に就くために訓練をし直すことが必要になりそうですね」

伊達　「そう。技術革新が起きるときはいつも、その新しい技術に対応するための教育や訓練を行うことが大切になります。デジタル化対応の一つの鍵《かぎ》は、新技術に適応するための教育にあります」

デジタル化による不平等の拡大と労働強化のリスク

もう一つの懸念は、デジタル技術革新の結果、不平等が拡大し、働く人が過酷な状況に追い込まれることです。

デジタル化によって広がる情報のネットワークは、多くの人びとにとって、場所を問わず安価でデータにアクセスできる機会を平等に提供するものといえます。この点で、大工場を建設できる資産家のみが技術革新の利益を享受できた産業革命の時代とは状況が大きく異なっています。しかし、高度化するデジタル技術の情報を理解し処理する能力の点では、個人間に大きな格差があります。そこで、情報を管理し事業を展開できる少数の者と、アルゴリズムによる指示・監視に従って細分化された業務を末端で行う多数の労働者との間で、不平等が広がっていくおそれがあります。[34] また、デジタル技術（GPSやウェアラブル・デバイスなど）を駆使して作業の一つひとつを精密に監視することによる労働強化や、各個人の情報（経歴、属性、趣味、言動、画像、生体データなど）をプロファイリングして適性診断や人事管理を行う技術（いわゆるHR Tech）の広がりにより、働く人の人間性やプライバシーが侵害される事態が生じるおそれもあります。デジタル化対応のもう一つの鍵は、このような事態に対する法制度の整備にあります。[35]

真由　「農業革命や産業革命のときに働く人を襲った深刻な事態が、デジタル革命の際にも起こる可能性があるってことでしょうか」

伊達　「十分な資源や情報をもたない労働者が、大きな技術変化のなかで、改革を進めるための困難な作業に従事させられるという点では、農業革命や産業革命のときとの共通性が認められるかもしれないね」

宇野　「生産性向上という罠《わな》や、無限の欲求の連鎖のなかで、その変化に抗うことも難しいというのが、歴史の教訓でしょうか」

悠太　「僕たちには、狩猟採集民のように、短い時間しか働かず、必要以上の欲求をもたずに、自然と一体化した生活を送ろうとすることは、やっぱり無理なのかな」

さくら　「でも、私たちには、民主主義があるし、知恵もある。みんなで議論して、問題意識を深めて、自分たちで社会のルールを変えていくこともできるんじゃないかな。世界中のみんなとネットワークでつながることができることも、世界を変えていく力になるかもしれないし」

伊達　「歴史のなかから教訓と希望を見つけ出したところは、素晴らしいね。人間の営みは歴史のなかでずっとつながってるし、未来に向けた選択は、歴史の教訓のなかから生まれてくることもある。ＡＩはサポートしてくれるかもしれないけど、最後は人間が決めなきゃいけない」

伊達は、食後のエスプレッソを飲み干した。

第2章

日本の「働き方」の特徴は？

──働くことの【環境・制度】

悠太

「宇野さんのいう〈日本の会社での〉働き方って、日本に特徴的なもので、外国の働き方とは違うんでしょうか。もし違うのであれば、なぜ日本ではそうなってるんでしょうか。最近、『グローバル・スタンダード』とか『働き方改革』ということが盛んに言われてるみたいですが、いま、日本のそういう働き方は変わろうとしてるのか。自分の未来を知るためにも、日本の働き方の未来を知りたいです」

「はじめに」7ページ

前回から一週間が経った七月下旬の週末。五人は再び神楽坂のカフェに集まった。高校生のさくらと悠太は学校の夏季休業期間に入り、夏休みの課題モードになってきた。大学生の真由は春学期の期末試験があと二つ残っており、少し眠そうな目をしている。社会人二年目の宇野は、八月中旬のお盆休みまであと少しだ。最後にお店にやってきた伊達は、藍《あい》色の扇子をパタパタさせながら話し始めた。

伊達「前回は、働くことの意味とか働き方の変化について、世界の歴史をたどりながらみてきたけど、今日は悠太さんの疑問に焦点を当てて、日本の『働き方』についてみていこうか」

悠太「はい。将来、日本で働くか、外国で働くか、まだわからないですが、そのためにも、日本のことについてちゃんと知っておきたいです」

伊達「まず、日本には『日本的雇用システム』っていうのがあったっていわれているけど、知ってるかな」

さくら「はい。終身雇用とか年功序列ですよね。聞いたことあります」

真由「その終身雇用とか年功序列って、もう崩壊したっていわれたり、いやまだ残ってるっていわれたりしてますが、ほんとのところはどうなんでしょう？」

宇野「実際に会社に入ってみると、先輩・後輩みたいな関係はいまでもあるし、入社してから六〇歳とか六五歳までずっと働いてる人もいますね。でも、中途採用で入ってくる人も増えてるし、会社を途中で辞めて転職する人たちも結構います。結局は、その人とか会社によるんでしょうか」

悠太「システムが崩壊しようとしてるけど、まだちょっとだけ残ってるってことですか。それとも、日本の歴史とか文化にかかわっていて、そう簡単にはなくならないってことなんでしょうか」

伊達「そこがまさに、今日のポイントだね。そのことをちゃんと理解するために、まず、雇用システムだけじゃなくて、それと結びついている日本の会社のシステム全体をみておくことにしようか」

1 「日本的」なシステム
――日本的市場システムと日本的雇用システム

「ヒト」と「モノ」と「カネ」のシステムのつながり

　雇用システムは、ある意味では、会社の「ヒト」をめぐるシステムといえます。この「ヒト」をめぐるシステムは、一つの独立したシステムとして存在しているわけではなく、会社のその他のシステムと結びつきながら存在しています。その他のシステムのうち代表的なものは、「モノ」の取引をめぐる産業システム、そして「カネ」の調達をめぐる金融システムです。

　日本の会社の「ヒト」「モノ」「カネ」にかかわるシステムは、それぞれ密接に結びつきながら、ある共通の特徴をもって展開されてきたといわれています。その共通の特徴とは、「長期的な信頼関係」に基づいているという点です。この三つのシステムは、全体を包括して「日本的市場システム」とも呼ばれ、この日本的なシステムが相互に結びつきながら、戦後の高度経済成長期に日本の会社のなかに広がっていったといわれています(1)。

宇野「そっか。会社が人を雇って働いてもらうシステムって、会社が物を取引するシステムとか、お金を集めるシステムと一体となって動いてるんですね。人事部と営業購買部と経理部が連携しながら、会社の方向性を決めているというイメージでしょうか」

真由「この三つが結びついてるから、一つだけ単独で変わっていくというのは難しいんですね」

悠太「日本の会社が『モノ』を取引するシステムって、具体的にどういうものなんですか？」

「モノ」を調達する産業システム――「資本系列」と「金融系列」

日本の会社が企業活動に必要なモノを調達する方法には、「系列」と呼ばれる特徴があったといわれています。これはさらに、「資本系列」と「金融系列」の二つに分かれます。

「資本系列」とは、典型的には、「親会社と子会社」または「注文会社と請負会社」の間の取引関係のことをいいます。例えば、日本のある自動車メーカーは、三次請負、二次請負、一次請負を経て作られた部品を本社の工場で組み立てて自動車を完成させるピラミッド型の自動車製造工程を作りあげています。そのピラミッドに組み込まれている事業所数は、三次請負約三万一六〇〇、二次請負約四七〇〇、一次請負一六八、合計約三万六〇〇〇に及んでいたとされています。[2] この重層的な取引関係は、大企業（親会社等）にとっては生産組織を効率化しながらコスト削減を図ることができるというメリットがあり、小企業（子会社等）にとっては親会社との継続的な取引のなかで安定的に注文を得られるというメリットがあったといわれています。

「金融系列」とは、三井、三菱、住友など旧財閥や銀行を中心とした企業グループのことをいいます。例えば、三菱グループは、三菱銀行（現三菱ＵＦＪ銀行）、三菱重工業、三菱商事、三菱信託銀行（現三菱ＵＦＪ信託銀行）、三菱金属（現三菱マテリアル）、三菱地所、三菱電機、三菱化学（現三菱ケミカル）、旭硝子（現ＡＧＣ）、日本郵船、東京海上火災保険（現東京海上日動火災保険）、明治生命保険（現明治安田生命保険）、麒麟麦酒《きりんビール》（現キリンホールディングス）、三菱自動車工業、三菱総合研究所など、多種多様な業種の会社からなる一大企業グループを築いてきました。このような企業グループを形成するメリットは、①グループ企業からの商品購入により一定のシェアを獲得できること、②継続的に取引をすることにより取引にかかるコストを節約できること、③ある業種や企業の経営状況が悪化したときに他の企業が支援の手を差しのべる相互保険機能を期待できることにあったといわれています。

悠太「三万以上の事業所によって作られたピラミッド構造のなかで、一台一台の自動車が出来上がってくるんですね。小学校の工場見学のときは、頂上にある本社工場しか見てませんでした」

宇野「インターンシップとか就活をするときに、どの会社がどの企業グループに入ってるか勉強したなぁ。会社によって飲むビールの銘柄が違うとか」

さくら「『系列』ってなんだかすごいシステムですね。会社がお金を調達するシステムも、この『系列』と関係があるんですか」

「カネ」を調達する金融システム——「株式持合い」と「メインバンク制」

日本の会社が企業活動に必要なカネを調達する「日本的金融システム」には、「株式持合い」と「メインバンク制」という二つの特徴があるといわれていました。

会社がお金を調達する主な方法は、株式を発行しそれを引き受けた株主から資金を得ることです。これを「直接金融」といいます。しかし日本では、この株式の発行と引き受けについて、企業グループなどの関係会社間で相互に株式を持ち合う「株式持合い」という慣行が存在していました。この慣行は、信頼する会社間で株式を持ち合うことによって見知らぬ株主による経営介入や企業買収を回避し、中長期的な視点から安定した経営を行うことを可能としてきたといわれています。しかしそこでは、自社の株式を引き受けてもらう代わりに他社の株式を引き受けなければならないため、株式の発行によって資金を調達することは難しくなります。そこで日本企業では、資金調達の方法として、銀行からお金を借りる「間接金融」という方法が広くとられてきたのです。

この銀行からのお金の借入れにおいて日本でみられた特徴的なシステムが、メインバンク制です。銀行が会社にお金を貸すときには、回収できる見込みがあるかどうかを審査し、貸し出した後もきちんと返済できるか監視すること（＝モニタリング）が必要になります。会社が複数の銀行からお金を借りるときに、このモニタリングをそれぞれの銀行が行うと、モニタリングにかかる総費用が大きくなります。そこで日本では、一番多くお金を貸す銀行をメインバンクとし、メインバンクが主としてその会社をモニタリングする役割を担う（他の銀行はそれを参考にする）という慣行がとられてきたのです。メインバンク制には、このようにモニタリング費用を節約するとともに、借入企業の経営に対する銀行の関与・責任の所在を明確にする（経営が傾いたときはメインバンクが中心となって経営再建を図る）というメリットがあったといわれています。

真由　「たしかに、物の取引でも、お金の調達でも、企業グループみたいなネットワークを作って安定的に物とお金を手に入れることで、長期的な観点から企業経営を行うことができるようになっていたんですね」

さくら「会社と会社の間の長期的な信頼関係ですね。聖徳太子の『和を以《もっ》て貴しと為《な》す』ともつながってそう」

悠太「それが、日本の雇用システムとも関係してくるんですね」

2

終身雇用（長期雇用慣行）

伊達「企業活動に必要な『ヒト』を雇って育てていく雇用システムは、『モノ』を調達する産業システムや『カネ』を調達する金融システムと結びつきながら、『日本的』な特徴をもつものとして形作られてきたんだ」

悠太「雇用システムでも、長期的な信頼関係とか、長期的な観点からの経営が大切にされてきたんですね」

さくら「そっか。そこで、終身雇用とか年功序列につながってくるのか」

伊達「そう。日本の雇用システムも、長期的な信頼関係に基づいて、長期的な観点から人を雇い育てるシステムとして形作られてきたんだ。その特徴は、『終身雇用』、『年功序列』と『企業別組合』の三つで、日本的雇用システムの『三種の神器』とも呼ばれています。[3] この三つのなかで最大の特徴といわれているのが、『終身雇用』と呼ばれる長期雇用慣行です」

「終身雇用」とその起源

「終身雇用」といっても、本当に「終身」、すなわち死ぬまで雇用されるわけではないので、「長期雇用慣行」と呼んだほうが正確かもしれません。この終身雇用または長期雇用慣行は、新規採用の多くを大学、専門学校、高校などを卒業した新規学卒者の一括採用という方法で行い、その後定年まで雇用を保障する、すなわち、重大な非行や深刻な経営難がない限り解雇をしない慣行のことをいいます。

日本の会社では、三月末に学校を卒業した人を四月一日にまとめて採用する新卒一括採用という方法が広くとられています。しかし、欧米諸国の会社では、このような方法は一般的ではありません。会社が人を採用する基本的な方法は、ポストに欠員が出るごとに個別に募集・面接して採用するという方法なのです。その意味で、新卒一括採用は日本の会社に特徴的な方法といえます。このような形で採用した若い人を、特別の事情がない限り、定年まで解雇しないで雇用するという暗黙の約束があることが、日本的雇用システムの核心部分といえるかもしれません。

真由「この長期雇用慣行とか、日本的雇用システムって、いつごろ生まれたんですか？」

さくら「それ、私も興味あります」

伊達

「終身雇用とか日本的雇用システムといわれるものの起源ですね。それには諸説あります」

日本的雇用システムの起源については、大きく三つの説があります。

一つは、徳川《とくがわ》時代の大商家における家族的な奉公関係が原型になっているという説です。三井、住友といった江戸時代の大商家では、一〇歳前後で小僧や徒弟として奉公を始め、その家の商売に直接関係する技能を仕込まれながら、年功に基づいて順に序列をのぼっていくという家族的な奉公関係が存在していました。この家族的な奉公関係を原型としつつ、一九世紀末から二〇世紀初めの近代的産業化の進展のなかで、国営企業や財閥系の大企業が自ら養成した熟練労働者を引き留める方法として、家族主義的な雇用慣行を発展させていったとする見解[4]です。

二つ目は、第二次大戦中の戦時体制がその起源であるとする説です。第二次大戦時の国家総動員体制（いわゆる「一九四〇年体制」）の下で、長期雇用慣行や年功賃金、企業別労働組合（その原型となる産業報国会）が全国的に普及・定着していったとする見解[5]です。

三つ目は、日本的な雇用慣行が日本の産業界に広く普及し、社会通念として一般化したのは、第二次大戦後の高度経済成長期であるとする見解[6]です。

これらの説は、お互いに排除しあう性質のものではないのかもしれません。日本的雇用システムは、江戸時代の奉公関係や戦前の雇用慣行を原型または起源としつつ、戦後の高度経済成長期に日本の会社や労働者全般に広く普及していったということができるでしょう[7]。

さくら「なんだか江戸時代の『家族のため、社会のために働く』という『家業』の観念「第1章」3項と、戦後の『企業共同体』における家族的経営「第1章」3項が、ここでも歴史的につながってるといえそうですね」

悠太「そういう意味でも、『日本的』なんですね」

真由「たしかに、日本の歴史的な経緯のなかで日本的雇用システムが生まれてきたといえそうですが、それが広く普及していったということは、そのシステムを選択する経済的なメリットがあったともいえるんでしょうか」

伊達「そうだね。その時代に即したメリットがあったといえそうだね」

終身雇用（長期雇用慣行）のメリット

長期雇用慣行が普及した背景には、働く側にも会社側にも一定のメリットがあったといわれています。

まず、働く側にとってのメリットは、雇用が保障され、失業の危険を回避できることにあります。実際に日本では、戦後の長い間、特に一九七〇年代の石油危機や八〇年代の円高危機のなかでも、ヨーロッパやアメリカに比べて失業率が低い水準に保たれてきました（次ページの図表1参照）。

長期雇用慣行の会社側のメリットは、従業員の長期的な育成を可能としたことにあるといわれています。人を育てるにはお金をかけて訓練をしなければいけませんが、育てた人がすぐに会社を辞めてしまうと、会社は訓練にかけた費用を回収できないリスクを負うことになります。日本の会社は、従業員との長期的な信頼関係の下、投資した訓練費用を回収できないリスクをおそれることなく、時間と費用をかけて従業員を育成し、会社を担っていく人間を長期的に育てることができたといわれています。この長期的な技能育成の場として重要な役割を果たしてきたのが、幅広いＯＪＴ（On-the-job Training＝職場での実務訓練）です。日本の労働者は、工場で働くブルーカラー労働者も含め、職場での様々な実践的訓練を経験して幅広い技能や熟練を身につけていることが多かったため、外部環境の変化や職場で生じる異常に対して柔軟に対応できる能力をもっていたといわれています。

【図表1】ヨーロッパ、アメリカ、日本の失業率の推移

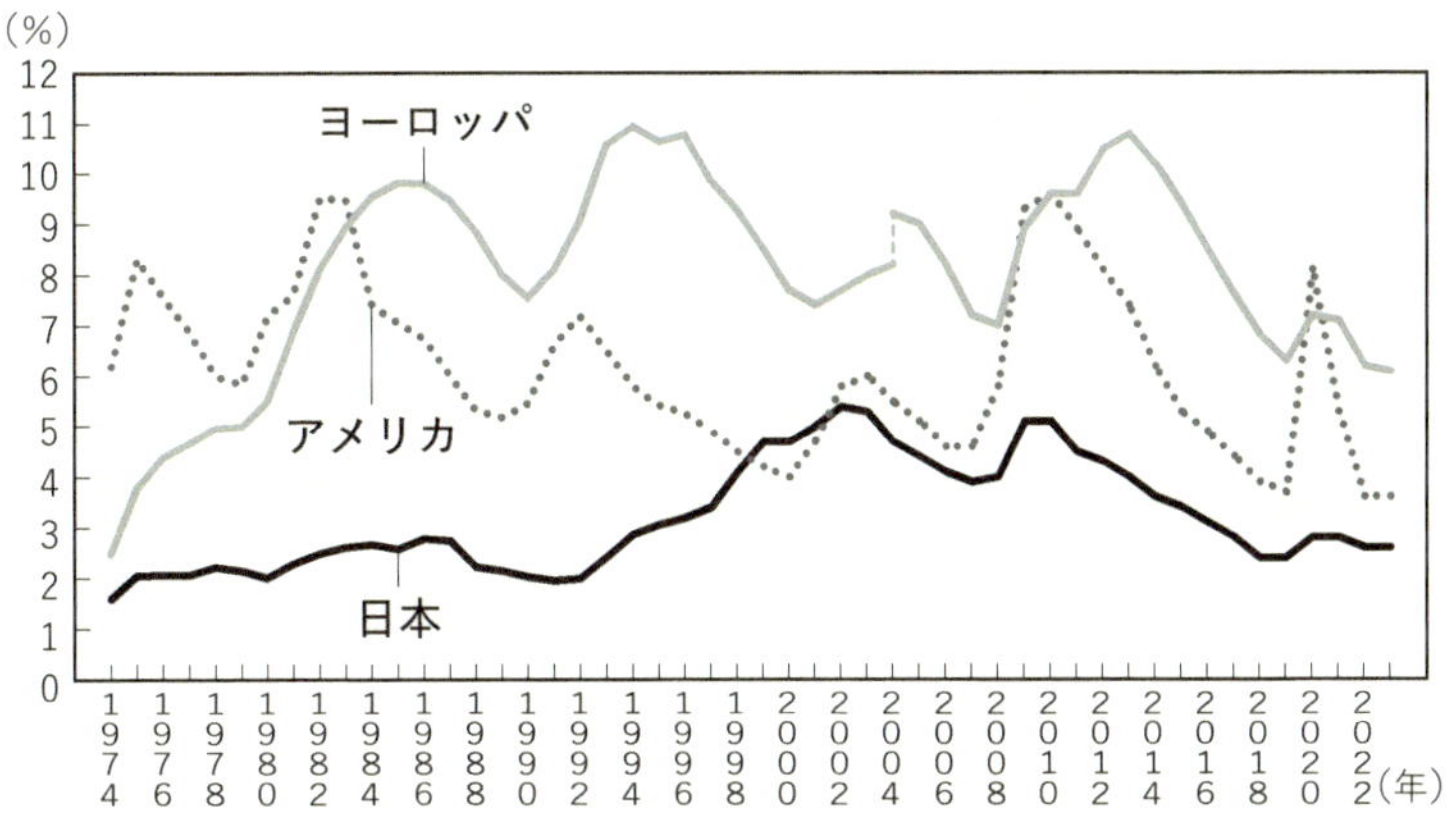

出所：井口泰「諸外国における最近の雇用・失業対策の動向」日本労働研究雑誌466号31頁（1999）の図をもとに1997年以降のデータを加筆（日本は総務省統計局「労働力調査」〔2011年の数値は岩手県、宮城県、福島県を除いたもの〕。アメリカはU.S.Department of Labor, Bureau of Labor Statistics, Current Population Survey.　ヨーロッパはEurostatによる）。

この幅広い技能をもつ労働者間の横の連係を基本とする日本型組織は、専門化した技能の間の継続的なコミュニケーションを必要とする分野（例えば多数の専門的な技能者が連係して複雑で精緻《せいち》な製品を作り上げるハイ・エンジニアリング分野）で比較優位性を発揮してきたといわれています[8]。

さくら　「終身雇用って、働く人だけじゃなくて、会社側にもメリットがあったんですね。長期的な信頼関係が築かれていると、会社も安心して人を育てられて、働く人も会社も長い目でみて成長していくことができそうです」

宇野「そこで築かれていった日本の熟練とか組織のあり方が、自動車、産業機械、化学工業といった日本のハイ・エンジニアリング部門の国際的な競争力にもつながってるんですね」

真由「終身雇用ってもう古いっていうイメージがあったんですが、いいところもありそうだし、そう簡単に捨ててしまっていいのか、悩ましいですね」

悠太「この終身雇用と他の二つとは、どうつながってるんですか。そこもあわせてみてみないと、終身雇用だけでいいとか悪いとかいえないかも」

真由「そういわれればそうだね。『三種の神器』の二つ目は、年功序列ですね」

3 年功序列（年功的処遇）

伊達「はい。そもそも会社が人を雇うときに、どういう基準で賃金を支払うのか、どういう尺度で人を昇進させていくのかが問題となります。この従業員の処遇のあり方について、日本の会社の多くは、『年功序列』とも呼ばれる年功的な処遇制度をとってきたといわれています。なぜ、そうなったかわかりますか？」

さくら「終身雇用とつながってるんですよね。長期的な信頼関係に立って、じっくりと従業員を育てていくので、会社のなかに長くいる人のほうがえらいという制度になっていったんでしょうか」

悠太「先輩の方が後輩よりもえらいっていうイメージですよね。それって、日本人の意識に合ってるのかもしれないですね」

宇野「うちの会社でも、二〇代より三〇代、三〇代より四〇代の人のほうが給料は高くなってると思います。係長とか課長っていう役職も、だいたい勤続によって上がっていくし」

伊達「では、日本の年功的処遇って具体的にどのような構造になっていて、どのような特徴と効果があるのか、みていきましょうか」

年功的処遇と職能給

年功的処遇とは、一般に、年齢と勤続年数を重要な基準として、賃金や会社内での地位などの処遇を決めることをいいます。実際には、日本の会社では職能資格制度という処遇制度がとられていることが多く、そこでは年齢と勤続年数が重要な評価基準とされてきました。

職能資格制度とは、各従業員の「職務遂行能力」を○級△号という数字（「職能資格」という一種の格付け）で表し、それに対応して基本給である「職能給」の額（例えばある会社では三級一二号俸＝基本給月額三二万六八〇〇円など）を決定する制度です。具体的には、学歴（大学院卒、大卒、短大卒、高卒など）と年齢によって最初の職能資格（初任給）が決まり、その後毎年、勤続年数と評価（人事考課・査定）に応じて職能資格と基本給が上がっていくことになります。そこでは、たしかに、会社による従業員の個別の評価（人事考課・査定）によって従業員間で差がつく部分もありますが、実際には、年齢と勤続年数が相対的に重要な役割を果たしており、日本では同期入社の従業員間で差がつくようになる時期が遅いという特徴がある（「遅い選抜システム」）といわれてきました。[9]

真由「日本の職能給制度では、個々人の能力とか成績の評価が反映される部分もあるけど、年齢とか勤続年数がより重視されて賃金とか昇進が決められる傾向が強かったってことですね」

宇野「うちの会社でも、特に若いうちはあまり差がついてないんじゃないかと思います。三〇代ぐらいまでは、みんなに出世してえらくなるという期待をもたせながら、長い期間、出世競争をさせているのかもしれないです」

さくら「この職能給制度って、日本の会社でずっと昔からとられていた制度ですか？　いつごろどういう経緯でそういう制度になったんでしょうか」

戦後日本の賃金制度——「職務給」の失敗と「職能給」の登場

第二次大戦直後のインフレによる生活難のなかで、日本の労働組合組織の一つである日本電気産業労働組合協議会（電産協）が「電産型賃金体系」と呼ばれる賃金制度を考案して、一九四六年秋の団体交渉によって採用されました。この電産型賃金体系は、本人の年齢で決まる「本人給」と扶養する家族の数で決まる「家族給」が賃金総額の大部分を占めるもので、働く人の「生活保障」的な性格が強い年功的な賃金制度でした。当時の日本企業では、各労働者の職務の内容や範囲が不明確で職務間の移動も頻繁であったため、厳密な意味での「職務給」はほとんど定着せず、他の多くの産業でもこの電産型賃金体系が取り入れられていきました。

これに対し、一九五〇年代後半から六〇年代前半にかけて、日本経営者団体連盟（日経連）が、「同一労働同一賃金」「年功賃金から職務給へ」をスローガンとして、賃金の近代化を目指す戦略を展開しました。しかし、そこで目標として掲げられた職務給制度は、当時の日本では定着するには至りませんでした。その理由は、①職務給は長期雇用慣行下で頻繁に行われていた配転と相容《あいい》れない（配転のたびに賃金が下がると円滑な配転やそれを通じた幅広いOJTが不可能になる）ものであったこと、②職務の内容と格付けに応じて賃金を決定するという社会的基盤が当時の日本にはなかったことにありました。

その後、日経連は一九六九年に『能力主義管理――その理論と実践』という報告書を公表しました。そこで、「職務遂行能力」に応じて従業員を格付け、それに基づいて処遇を決める職能資格制度の導入が提言されたのです。これを契機に日本企業では、職能資格制度と職能給制度の導入が進み、「職務遂行能力（職能資格）」の評価のなかで年功（勤続）と実績（人事考課）とをあわせて考慮するという制度が広くとられるようになりました。(10)

さくら「なるほど。労働組合が提案した年功賃金制度が広がり、これに対して、経営者団体が職務給制度の導入を試みたけど、職務給は日本の実態に合わずに失敗した。その失敗を経て、年功と実績を組み合わせた職能給制度が提案されて、日本企業に広がっていくことになったんですね」

悠太「ひと言で『年功賃金』っていっても、紆余《うよ》曲折があって、いまに至っているのか」

宇野「そして、いま再び、『職務給』の導入が新しい時代のトレンドになってますよね。この新たな試みが成功するかどうかは、日本的雇用システムそのものが変わるかどうかにかかってるのかもしれませんね」

伊達「そう、歴史からの重要な教訓だね。現在の職務給のトレンドについては、もう少し話を進めてから詳しくみていくことにして、ここでは、日本の年功的処遇制度の特徴と効果を確認しておくことにしましょう」

年功的処遇の特徴と効果

日本の年功的処遇制度の大きな特徴は、労働者の会社への貢献と会社からもらう賃金とがそれぞれの時点で一致していない点にあります。

年功賃金カーブは、一般的には、労働者が若い時期には会社に対する貢献よりも低い賃金、逆に中高年期になると会社への貢献よりも高い賃金が支給される仕組みとなっています（次ページの図表2参照）。しかし、このことは、貢献と賃金が全く一致していないことを意味しているわけではありません。入社から定年までの全期間でみると、貢献と賃金の総量は一致しているのです。その意味で、年功的処遇の典型である年功賃金は、短期的には収支が一致していないけれど、長期的には収支が一致する「長期の決済」システムという性格をもつものといえます。

このことは、次の二つの効果をもたらしてきました。

一つは、長期勤続の促進です。会社で働いている人は、若い時期の賃金を超える貢献分（これは「人質賃金」とも呼ばれています）を取り返すためには、定年まで働き続ける必要があります。その意味で、年功的処遇は長期雇用慣行と密接に結びついたものといえます。

もう一つは、従業員の間に平等意識を植えつけ、勤労意欲を底上げすることです。特に日本の年功的処遇の大きな特徴は、ブルーカラー労働者にも年功賃金カーブがあてはまること（「ブルーカラーのホワイトカラー化」）にあるといわれています[11]。日本企業の年功的処遇制度には、製造現場で働く労働者の勤労意欲の底上げに貢献するという側面があります。

さくら「そっか。年齢と勤続年数ってみんなに平等な数字だから、年齢と勤続年数で処遇

【図表2】年功賃金カーブのモデル

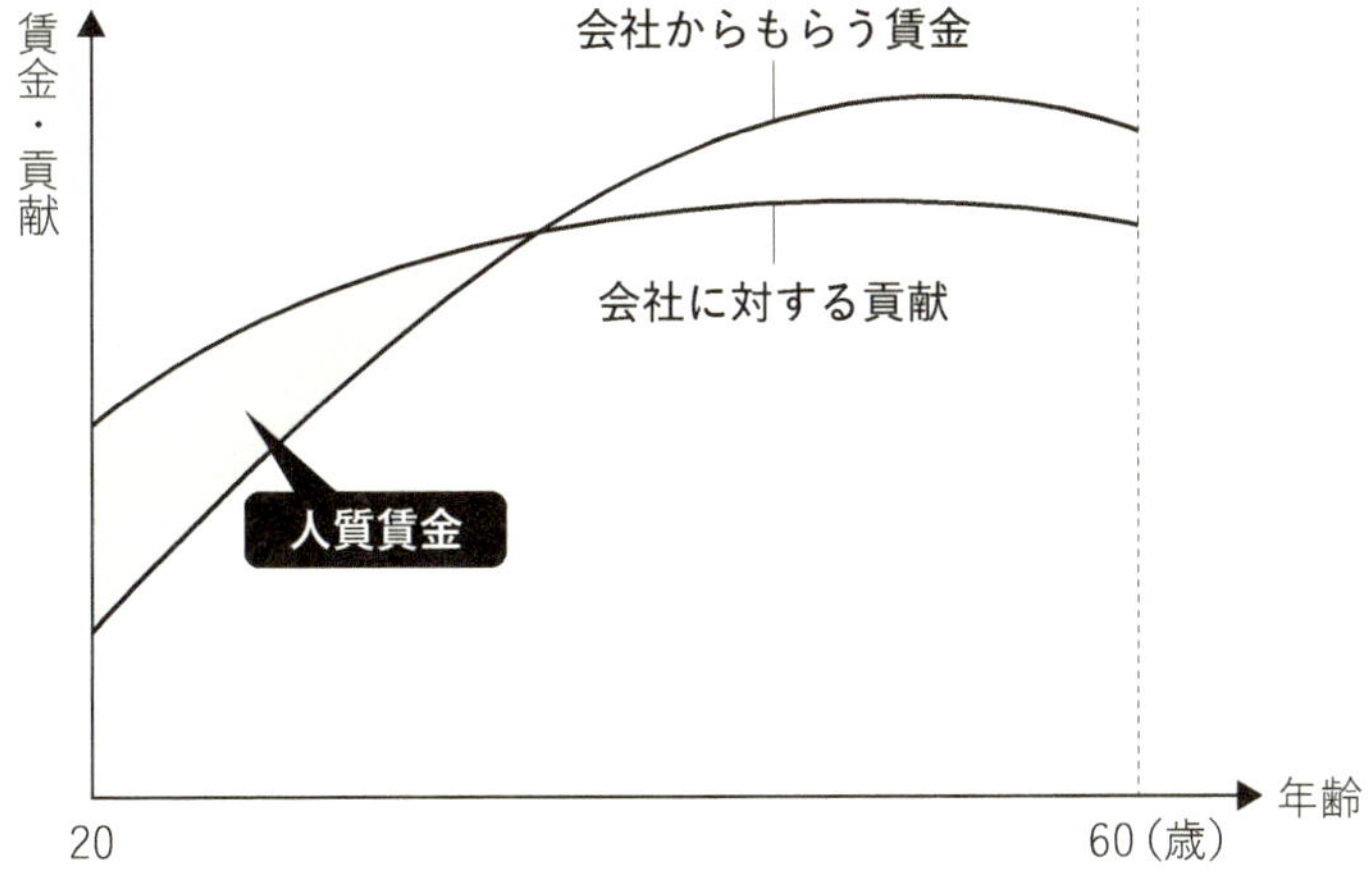

を決めるっていうのは、ある意味では働く人を平等に取り扱うということになるんですね」

伊達　「ある意味ではね」

悠太　「その年齢と勤続年数による処遇が工場で働く人にも同じように及ぶようにした点に、日本的な処遇システムの特徴があるんですね」

宇野　「高い勤労意欲と高度な技能をもった製造現場の労働者がたくさんいることで、日本の製造業は国際的な競争力を発揮してきたといえるかもしれませんね」

真由　「ということは、これもそう簡単に、新しいものに変えてしまいましょう、とはいえなそうです」

4 企業別組合（企業別労使関係）

悠太「日本的雇用システムのもう一つの特徴は、企業別組合でしたよね」

さくら「私の担任の先生が、労働組合の活動をされています。先生たちの仕事って結構ハードだから、教育環境を守るためにもがんばってるっておっしゃってました」

宇野「僕も入社と同時に、労働組合に入りました。みんな入らなきゃいけないっていわれて入らされた、っていうのが実感かな」

真由「その労働組合の特徴も、終身雇用とか年功序列に関係してるんでしょうか」

企業別組合とその成り立ち

日本的雇用システムの三つ目の特徴は、企業別組合、すなわち、労働組合が基本的に企業別に組織されていることにあります。この日本の労働組合の特徴は、終身雇用や年功序列という日本的雇用システムの他の二つの特徴と結びつきながら、形作られていったといわれています。

そもそも、労働者が一つの企業（または企業グループ）のなかで長期的に雇用されながら訓練を受け、賃金や地位もそこでの勤続年数や実績に応じて決定される環境にある場合、労働市場はその企業（または企業グループ）ごとに「内部労働市場」として形成される傾向をもちます。この企業ごとの内部労働市場では、働く人の主な利益や関心は自分が所属する企業のなかにあることが多くなります。日本の労働組合は、このように長期雇用慣行や年功的処遇と密接に結びつきながら、内部労働市場のなかで共通の利害をもつ労働者たちを組織する企業別組合として形作られていったのです。

悠太「外国の労働組合は、企業別組合ではないんですか？」

さくら「それに、日本では最初から、企業別組合として労働組合ができていったんでしょうか？」

伊達「うん。いい質問だね」

労働組合の歴史

世界における労働組合の原初的な形態は、熟練した技能工が自分たちの技能にかかる利益を守るために同一の職業内で企業の枠を超えて組織する職業別組合（例えば印刷工組合、大工組合）でした。その後、産業革命により大工場で働く非熟練労働者が増加すると、労働組合の組織形態として、同一産業内の労働者を企業や職種の枠を超えて組織する産業別組合が一般化するようになります。このように、欧米諸国で誕生した労働組合は、その歴史的経緯から、主として職業別または産業別組合という形態をとっていました。

日本でも、歴史的に、産業別組合を結成する動きがなかったわけではありません。例えば、一九一二年に鈴木文治《すずきぶんじ》らによって設立された友愛会（一九二一年に日本労働総同盟〔「総同盟」〕と改称）は、一九一九年以降、企業横断的な産業別組合の組織化を進めました。しかし、この動きを嫌った経営側は、労働組合に代わる労働者との協議機関として、従業員代表を介した工場委員会を設置し、これを通して労働者の不満や苦情の解消を図ろうとしました。この試みにより、経営側は労働者を企業横断的労働組合から切り離すことに成功しました。

第二次大戦後に労働組合法が制定されるなか、戦前の労働組合運動を担った松岡駒吉《まつおかこまきち》を中心とするグループ（「総同盟」系）と共産党系のグループ（一九四六年に全日本産業別労働組合会議〔「産別会議」〕を組織）は、それぞれ産業別組合を目指した運動を展開しました。しかし、これらの動きを背景に全国各地で実際に誕生した労働組合のほとんどは、特定の企業・事業場の正社員（工員と職員の双方）を組合員とした工職混合組合でした。「ほとんど唯一の現実的な組織形態として発展したのが企業別組合であったし、そのことは占領軍も、戦前派の組合指導者も、政党も、好むと好まざるとにかかわらず動かすことのできない事実[12]」だったのです。

悠太「日本的雇用システムって、労働組合の形態にも影響を与えたんだ」

さくら「日本でも、産業別労働組合に向けた運動があったにもかかわらず、経営者の抵抗とか、雇用の実態との関係で、企業別組合にならざるを得なかったんですね」

真由「企業別だけど、そこには、正社員であればブルーカラー労働者もホワイトカラー労働者も一緒に入っているというのも、日本的な特徴なんでしょうか」

伊達「そう、いいところに気が付いたね。その点とも関係する日本の労働組合や労使関係の特徴を確認していきましょう」

企業別組合（企業別労使関係）の特徴

日本の労働組合が主として企業別組合の形態をとっているため、労働組合と使用者（会社）との関係である労使関係も、日本では基本的に企業別に展開されています（企業別労使関係)。この企業別の労働組合や労使関係には、二つの重要な特徴があります。

一つは、変化に対する柔軟性・機動性です。それぞれの企業内での話合いに基づく労使関係は、全国レベルでの話合いに基づく労使関係(例えばフランスやドイツにおいて全国レベルで展開される産業別の労使関係)より、変化に対して柔軟かつ機動的に対応できるというメリットがあります。特に社会が多様になり市場や技術の動きが速くなると、この柔軟性・機動性という長所は強みを発揮します。伝統的に集権的な性格をもっていたフランスやドイツの労使関係に、近年分権化の動きがみられる背景には、多様で高速化する社会変化への対応の必要性という事情があります。

もう一つの特徴は、会社との協調性です。企業別に組織されている労働組合は、会社と協調的な態度をとる傾向があります。会社から長期雇用を(黙示的に)約束され、勤続年数に応じて賃金や地位が上がることが予定されている労働者にとって、自らの雇用や待遇を将来にわたって確保するためには、会社が競争に生き残って成長していくことが不可欠だからです。実際に、一九六〇年の三井三池《みいけ》闘争で労働側が敗北し、一九六〇年代の高度経済成長によって長期雇用慣行や年功的処遇が日本の会社のなかに広く定着していくなかで、第二次大戦後にみられた戦闘的な労働運動は、次第に協調的なものに転換していきました。

こうして形成された日本の分権的で協調的な労使関係は、日本企業が一九七〇年代の石油危機の時代に経済的に高いパフォーマンスを達成し、続く一九八〇年代にも雇用を維持しながら高い国際的競争力を発揮できたことに貢献したといわれています[13]。

宇野「労働組合って企業別に組織されているのが普通だと思っていたんですけど、欧米からみるとそれは普通じゃなくて、でもそれが日本の強みになってるという面もあったんですね」

悠太「だとすると、この点もあまり変えないほうがいいのかな」

真由「でも、強みの裏には弱みがあって、時代によってはその形勢が逆転することもありますよね」

さくら「そう、私もそこが知りたいです。日本的雇用システムって、いまはどうなっちゃってるんですか？」

5 社会環境の変化と日本的市場システム

伊達「これまでの話を、ちょっとまとめてみようか」

真由&さくら「はい」

伊達「『系列』取引に象徴される日本的産業システム。『株式持合い』と『メインバンク制』を特徴とする日本的金融システム。そして、『終身雇用』『年功序列』『企業別組合』を三種の神器とする日本的雇用システム。これらの三つのシステムは、長期的な信頼関係に基づくという共通の特徴をもっていました。

日本企業は、長期的な信頼関係に基づいて企業グループなどの企業間ネットワークを作り、そのなかで企業活動に必要なモノとカネを安定的に調達して、中長期的な視点から企業経営を行うことを可能としてきたんです。このことは、企業活動の原動力となるヒトを雇い育てるシステムにもあてはまりました。日本企業は中長期的な視点から従業員を育成し、従業員間の水平的な調整を重視するネットワーク型組織を作ることによって、安定的で競争力に富むシステムを作り上げることに成功したんです。

この長期的な信頼関係を基盤とした日本的市場システムは、少なくともある時点までは、日本社会の安定と日本企業の成長を支えるものとして機能していたといわれています」

悠太「少なくともある時点までは？」

真由「それって、いつまでですか」

伊達「ジャパン・アズ・ナンバーワン[14]ともいわれてうまくいっていたのは、一九八〇年代までかな」

さくら「私たちはまだ生まれてないころですね。一九九〇年代に何が起こったんですか？」

伊達「バブル崩壊とグローバル競争への突入です」

社会環境の変化――グローバル化、少子高齢化、デジタル化

日本企業がとってきた系列取引、株式持合い・メインバンク制、終身雇用・年功序列・企業別組合といった日本的市場システムは、もう一つの重要な特徴をもっていました。それは、日本という「島国」の閉ざされた市場のなかで形作られ、そのなかでうまく機能してきたという点です。一九九〇年代になると、この日本の国内市場が大混乱に陥り、国際的な競争の波にさらされるようになったのです。

一九九〇年一月以降、日本の株価と地価が大幅に下落する「バブル経済の崩壊」が起こり、一九九〇年代には、企業収益の悪化と消費の低迷が連鎖する「デフレ・スパイラル」が始まります[15]。同時に、情報技術の進展のなかで世界経済のボーダーレス化・グローバル化が進み、日本市場も市場開放を求める国際的な圧力やスピードの速い国際競争の波にさらされるようになったのです。

このグローバル化の動きは、日本市場にとって二つの意味で大きな変革の圧力になりました。

一つは、それまでの相対的に閉ざされた市場を維持することができなくなったという点です。日本的市場システムの長期的な安定の基盤は、日本という閉鎖的な市場のなかで当事者間の長期的な信頼関係を重視するものとして形成されてきた点にありました。外国からの市場開放と国際的基準（グローバル・スタンダード）の遵守という圧力は、日本のそれまでの内向きの閉鎖的なシステムを外向きの開放的なシステムに大きく変えることを求めるものだったのです。

もう一つは、グローバル競争のスピードの速さです。従来の日本のシステムは、長期的な安定を重視し、短期的に利益を上げることや短期的な競争に打ち勝つことを必ずしも重視してきませんでした。しかし、情報化・グローバル化が進展するなかで、日本市場にも国際競争の波が及ぶようになると、市場の変化や技術革新のスピードが速くなっていきます。そして、この短期的な競争に耐えられないと、日本企業も利益や信頼を失い淘汰《とうた》される危険にさらされるようになったのです。二年〜三年の短期的な生存競争に打ち勝てないと、二〇年〜三〇年先の中長期的な経営を考えることができなくなってしまったのです。

一九九〇年代以降のグローバル化の波は、このような意味で、日本的市場システムに根本的な変革を迫るものとなったのです。

真由「日本の市場システムと国際的なスタンダードは、ある意味では正反対の性格をもっていたんですね」

さくら「その分、日本にとって、国際的な圧力は大きな改革を迫るものだったといえるんですね」

悠太「でもそういう外国からの圧力だけで、日本の歴史とか文化に根差したシステムは簡単に変わっちゃうんですか」

宇野「グローバル化だけじゃなくて、日本国内の動きも影響してるんじゃないですか。少子高齢化とか」

伊達「そうだね。日本的な市場システムの安定的な成長は、若い人たちが市場にどんどん参入してくることで支えられていたという側面もあるね。戦後の経済成長期には、

『金の卵』ともいわれる若者たちが労働市場に次から次に参入して、生産者であると同時に、消費者としても、日本経済の成長を支える存在となっていたんだ。しかし、一九七〇年代ごろから始まった少子高齢化傾向のなかで、一九九〇年代ごろからは新たに市場に参入する若い人たちが減り続けるようになっていきます。そのなかで、日本企業は、かつてはピラミッド型だった組織の構造を見直したり、商品を売る消費者の層や範囲を見直さなければいけなくなっています」

さくら「最近のデジタル化の動きはどうかかわってるんですか。進学先や将来の職業を考えるときに、いつもデジタル化の話が出てくるんですが」

伊達「日本的市場システムとデジタル化との攻防っていう観点からみると、継続的な人間関係のなかで培ってきた知識や情報と、ビッグデータを基盤にしたＡＩによる高速計算・予測との間で、どちらが競争上優位性を発揮するかにかかってきます。将棋とかチェスの勝負の世界では、すでにＡＩのほうが優位な状況にあるようですが、取引や仕事を行ううえで、どちらが優位に立つのか。この点は、取引や仕事の内容とか、技術の進歩とか、消費者の好みにもかかわってきますが、ＡＩのほうが優位になっていった分野では、日本的な組織や取引のネットワークがＡＩやロボットに取って代わられていって、日本的市場システムのあり方も変化を迫られることになるでしょう」

真由「私たちが洋服を買うのに、お店に行って店員さんと相談しながら買うか、ネットで注文して買うかによって、デパートや販売店が生き残るか、ネット販売が主流になるかが決まってきますよね。ネット販売って、自分の履歴とか好みとかを反映して商品を提示してくれるから、楽だし速いんですよね。値段もリーズナブルだし」

さくら「そっか。私たちの身の回りでも、システムの変化って起こってるんですね」

宇野「たしかに。日本の市場システムって、グローバル化だけじゃなくて、少子高齢化やデジタル化という社会変化もあって、変革を迫られているんですね。うちの会社の改革も、そういわれれば、そういう社会変化に対応しようとしたものになっている気がします」

悠太「そういうなかで、実際に、日本の市場システム全体は変わってきてるんですか?」

日本的市場システムの変容

日本的市場システムは、法制度の面でも、実態面でも、変わりつつあります。

まず、法制度の面では、日本の金融市場や株式市場の自由化を進め、市場取引の公正さと透明性を高めることを目的とする法律改正が相次いで行われています。例えば、一九九〇年代以降、外国為替《かわせ》法、証券取引法(現・金融商品取引法)、保険業法、銀行法、独占禁止法、商法等が相次いで改正され、二〇〇五年には会社法が制定されました[16]。これらの法改正は、大きな意味では、日本的市場システムの閉鎖性・不透明性を法制度面で改革しようとするものだといえます。

これと並行して、実態としても、日本的産業システムや金融システムの見直しが進められています。例えば、①資本系列（下請ネットワークによる取引）については、製造業の海外移転などに伴って、注文企業（親会社）と下請企業との関係が希薄化し、取引が分散化する傾向（いわゆる取引構造の「メッシュ化」）がみられています。また、②金融系列（旧財閥や銀行を中心とした企業グループ）についても、大手銀行の合併・再編が行われ、グループ企業間での株式持合い比率が低下していくなかで、グループ企業の再編成や解消が進んでいます。

これらの動きの底流にあるのが、③株式持合い比率の低下・解消です。一九九〇年代に金融機関の不良債権処理や収益率悪化が問題視されて、金融機関が取引先の株式を保有する余裕がなくなり、取引先企業も金融機関の株式を保有する意味が薄れていきました。また、二〇一〇年代以降、厳格な資産評価を求める国際会計基準（ＩＦＲＳ）の導入が日本企業でも進み、調達した資本（自己資本）を運用して得られた純利益の比率である自己資本利益率（ＲＯＥ〈Return On Equity〉）を高めることが重視されるようになっています。株式持合いは、グループ企業内で株式を買ってもらう分グループ内の企業の株式を買うという形で株式を持ち合うものなので、手元に運用資金が残らず、自己資本利益率を高めることが難しい構造になっています。自己資本利益率を高めることを重視する国際的な流れのなかで、株式持合いの解消が進んでいるのです。そこで手放された株式の主な受け皿となっているのが、投資信託や年金信託などの機関投資家と外国人投資家です。これらのいわゆる「物言う株主」（「アクティビスト」とも呼ばれています）による企業買収や経営への関与の動きも出てきています。(17)

悠太「資本系列という下請ネットワークがメッシュ化し、金融系列という企業グループも再編され、株式持合いが解消されて『物言う株主』からの圧力や関与も強まっている。日本的市場システムは、全体として大きく変わっていってるんですね」

真由「そういうなかで、長期的な安定を重視してきた日本的市場システムが、取引面でも金融面でも完全に解体してしまって、日本の会社も、短期的な経営や競争を重視する方向に転換してしまったんでしょうか」

伊達「正確には、そういう方向で改革が進められているけれど、まだ完全に転換してしまったわけではなくて、日本的な部分と国際的な部分が混在しているというのが現状かもしれません」

悠太

「日本の産業システムや金融システムが改革の途中ということは、それと結びついた雇用システムも改革の途中ということでしょうか？」

6 終身雇用の変化——労働移動の増加

さくら「日本の産業システムも、金融システムも、長期的な信頼関係を重視するという特徴をもっていたけれど、それがいま大きく変わろうとしている。とすると、それとつながりながら、同じように長期的な信頼関係を重視するという特徴をもっていた日本的な雇用システムも、大きく変わろうとしてるんでしょうか」

伊達「そうだね。日本的雇用システムがどう変わろうとしているのか。終身雇用、年功序列、企業別組合の順番に、一つずつ見ていくことにしましょう」

終身雇用の変化——採用と解雇のあり方

日本的雇用システムの最も大きな特徴は、「終身雇用」と呼ばれる日本企業の長期雇用慣行でした。それは、新規学卒者を一括採用し重大な事態が生じない限り定年まで解雇しないという一種の慣行でした（本章2項）。

この慣行については、今日でもある程度維持されているという見方もできます。例えば、日本企業の新規採用の方法として、欧米諸国では一般的でない新卒一括採用、すなわち毎年三月に高校や大学を卒業した生徒や学生を四月に一括採用するという方法が、いまでも日本企業では広くとられています。

また、解雇については、日本企業の長期雇用慣行が解雇権濫用法理という形で法的ルールのなかに取り込まれていて「第3章」11項、解雇はそう簡単にはできないという意識が日本企業のなかにある程度広がっています。きちんとした理由がない限り解雇はできないという意識とルールが、日本企業のなかにいまでも存在しているのです。

もっとも、この採用や解雇のあり方についても、変化が全くみられないわけではありません。例えば、採用については、新卒採用だけでなく、経験者採用と呼ばれる中途採用を行う企業が増えています。その背景には、少子化のなかで新規学卒者の数が減少傾向にあることとともに、企業内部で時間をかけて育成する人材だけでなく、外部で育成された専門性の高い即戦力を採用して活用したいという企業の人事戦略の変化があります。また、新卒採用においても、職種を限定せずに配属を会社任せにするのではなく、専門分野（職種）を特定して採用する職種別採用を行う会社が増えています。

解雇については、解雇という方法をとることは難しいという認識やルールそのものはいまもさほど変わってはいません。しかし、それゆえに、企業の行動として、解雇という方法をとることは避けながら、退職勧奨といった形で労働者に会社を辞めるように促す（悪質なケースでは「追い出し部屋」と呼ばれる部署に配置して退職に追い込む）という実態もみられています〈「第3章」11項〉。

そういう意味では、採用や解雇についても、新卒者を一括採用し定年まで雇用するという長期雇用慣行に一定の変化がみられています。

宇野「たしかに、うちの会社や取引先でも中途採用者が増えてますし、退職勧奨という形で中高年の人のリストラを行っているところもあります」

真由「私も就職先を探すときは、一生働き続ける会社というより、まず社会人としてスタートする会社を探そうという気持ちのほうが強いです。実際に会社に入ってみて初めてわかることも少なくなさそうだし」

悠太「会社としても、働くほうとしても、少しずつ意識や方法が変わってきてるんでしょうか」

伊達「そうだね。採用とか解雇についてもそうだけど、より大きな変化がみられるのは、働く人の転職行動とか会社の人材育成の方法かもしれません」

終身雇用の変化——転職行動と人材育成のあり方

少し前に話したように、日本企業がとっていた年功賃金制度は、若いうちにもらえなかった人質賃金を定年まで働くことで回収するという特徴をもっていました〈本章3項〉。この年功賃金制度の下では、会社を途中で辞めると人質賃金を回収できない不利益を被ることになるため、途中で転職せずに定年まで働くことを促すという効果をもっていました。終身雇用と年功賃金は、このような形でつながっていたのです。

しかし、この次に話すように〈本章7項〉、近年では年功賃金のカーブ（傾き）がだんだん緩やかになり、人質賃金の勤続促進効果も小さくなってきています。また、先ほどお話ししたように中途採用を積極的に行う企業も多くなり、転職すると賃金が高くなるというケースも増えています。そういう状況のなかで、働く人が自ら転職するという行動をとることが増えてきています[18]。日本企業の長期雇用慣行は、会社が労働者を解雇するという方法ではなく、労働者が自ら転職するという行動が増えることによって、徐々に変化しているといえるかもしれません。

また、日本企業の人材育成のあり方も、大きく変化しています。もともと日本の企業は、ＯＪＴという職場での訓練によって長期的に人を育てていくことを得意としていました〈本章2項〉。しかし、一九九〇年代に起きたバブル経済の崩壊、それ以降の「失われた三〇年」とも呼ばれるデフレ・スパイラル（景気低迷と消費減退の連鎖）のなかで、日本企業は若手の人材育成を組織的に行う余裕をなくしていきました。その結果、従来のＯＪＴを中心とした人材育成がうまく機能しなくなり、国際的にみて日本企業の労働生産性の相対的な低下傾向が顕著になっています[19]。

さらに、グローバル化やデジタル化に伴う新たな競争環境の下では、企業内部で蓄積されたノウハウ（暗黙知など）より、グローバルな市場に向けて新たな価値を創造していく専門的能力（高度なデジタルスキルなど）の重要性が相対的に高くなっています。そこで、日本企業でも、企業内での訓練（ＯＪＴ）を中心に会社主導で人材を育成するという従来の方針を転換し、働く人自身がキャリア形成を主体的に行い専門的な能力やスキルを自ら高めていくこと（「キャリアオーナーシップ」）を支援しようとする動きがみられています。その基盤にあるのは、企業価値を生み出すのは人であるという「人的資本経営」という考え方です[20]。具体的には、働く人の自律的なキャリア形成につながる学びと成長の場を会社が積極的に提供すること（副業や社外研修受講の促進、外部資格取得の支援など）によって、働く人の専門的な能力・価値の向上を促し、企業価値の向上につなげていくという取組みです[21]。

このように近年では、日本企業でも、キャリアの途中での転職者が増えたり、キャリアの育成の仕方に変化がみられるようになっています。終身雇用という慣行は、外からの刺激を受けながら、内側から変わりつつあるといえるかもしれません。

宇野　「たしかに最近は、会社のなかで活躍している人こそ、よりよい報酬や環境を求めて転職するということが増えてるように思います。それをみている若い人たちのなかにも、転職してキャリア・アップしようと思ってる人たちがいます。いまは転職サイトで転職する場合の自分の市場価格とかもわかるので、デジタル技術や求人ビジネスの発展が、個人の選択肢を広げているという面もあるのかもしれません」

真由　「少子化で人手不足が深刻になって、売り手市場の傾向が強まっていることも、転職が頻繁になったり、自分でキャリアを切り開いていこうという意識が高まっている要因といえそうですね」

さくら　「これからは、会社に頼りっ放しにならないで、自分のキャリアは自分で育てていくという意識をもって、仕事や会社を選んでいかないといけなそうですね。まずは、大学や学部選びからだけど」

悠太　「転職したり、キャリアを育てていくときには、それに対してどういう報酬が支払われるのかも鍵《かぎ》になりそうです。終身雇用が変わっていっているなかで、年功序列とか年功賃金はどう変わろうとしてるんでしょうか？」

7 年功序列の変化――職務給導入の動き

真由「いま、日本の年功賃金制度が大きく変わろうとしてるって聞いたことがあります。例えば、大卒の初任給を大きく引き上げている会社が増えているとか」

悠太「会社を選ぶときに、お金がすべてではないとしても、自分をきちんと評価してもらうためにも、お金はやっぱり大切だよね」

さくら「私もそう思う。働いている人の処遇とか賃金について、就職の入口のところだけじゃなくて、キャリア全体のなかで、どういう動きになっているんでしょうか」

年功賃金カーブの修正

日本的雇用システムの二つ目の特徴だった年功序列（年功的処遇）とは、年齢と勤続年数を重要な基準として賃金や社内での地位が決まることを指していました。実際には、日本の会社では職能資格制度という処遇制度がとられていることが多く、年齢と勤続年数を重要な評価基準として基本給（職能給）が決められていました〈本章3項〉。

この年功的な賃金制度には、大きく二つの点で変化がみられています。

一つは、年功賃金カーブの修正です。貢献よりも大きな賃金をもらう中高年層が増え、貢献より小さな賃金を支払うことで足りる若年層が減ると、企業の会計上、年功的な賃金を維持していくことが難しくなってきます。また、人口減少は人手不足を深刻化させ、人材確保のために、就職する人や転職してくる人の賃金を引き上げざるを得ない状況を生みます。この年齢構成の変化と人手不足の深刻化を背景に、日本企業では、年功賃金カーブの傾斜を緩やかなものにする動きが進められてきました[22]。

「職務給」導入の動き

もう一つの変化は、職務給導入の動きです。これまで多くの企業でとられてきた「職能給」は、勤続年数に応じて職能等級（○級△号俸）が上がり基本給が上がっていくという傾向をもったものでした〔本章3項〕。これに対し、近時導入が広がっている「職務給」は、勤続年数の長短にかかわらず、その人がそのときに従事している職務の価値によって基本給（職務給）を決めるという制度を指します。

職務給制度をとる際には、通常、①それぞれの従業員が従事する職務（job）の内容を具体的に定めた職務記述書（job description）を作成する、②そこに記載された職務の客観的な価値を測定して基本給（職務給）の額を決定する、という作業が行われます。この二つの作業を従業員の人数分だけ行うことが、職務給の導入・運用にあたって最大のハードルです。実際には、①職種と階層ごとに大くくりの一般的・標準的な職務記述書を作り、それをもとに上司と部下が個別に話し合って従業員ごとの具体的な職務記述書を作成する、②職種ごとに外部市場の賃金水準をベンチマーク化し（標準的な水準として設定すること）、それを参考に個別に賃金額を決定する、という手順がとられることが多くなっています。

この手間のかかる作業を行いながら職務給の導入が進められている背景には、グローバル化・デジタル化と少子化のなかで各企業が直面している危機感があります。年功的な賃金体系では、高度な専門性をもつ優秀な人材を採用することが難しく、また、企業内の優秀な人材が高報酬を提示する他企業（外資系企業を含む）に転職するという事態が頻繁に起こるようになりました。日本企業も、優秀な人材を確保する戦略として、賃金体系の根本的な見直しを行う必要性に迫られているのです。また、市場や技術革新の動きが高速化するなかで、付加価値の高い製品やサービスを開発・生産していくことも求められています。そのためには、企業内部で蓄積された経験や勘に頼るノウハウ（暗黙知）よりも、各人の専門能力や仕事の価値を評価し、新たな価値の創造を促していくことが、各企業の競争戦略としてこれまで以上に重視されるようになっています。

職務給という賃金制度は、人材確保戦略と競争戦略の両面から導き出された日本企業の改革の一つの結晶といえるかもしれません。[23]

さくら「そっか。新卒採用の初任給が高くなっているだけじゃなくて、賃金制度全体が大きく変わろうとしてるんですね」

宇野「うちの会社は、たぶんまだ危機感の段階にあって、実際に職務給を導入する段階には至ってません。でも、人材確保の面でも、競争戦略の面でも、社内で同じようなことがいわれてるので、そのうちわが社も職務給に移行しますって話になるかもしれないです」

真由「でも職務給って、昔、日本に導入しようとしたけど、失敗したんじゃなかったでしたっけ。今回も失敗に終わる可能性はないんですか」

「職務給」導入と一体となった人事制度改革

たしかに、一九五〇年代後半から六〇年代前半にかけて、当時の経営者団体（日経連）が「職務給」への移行を目指す戦略を展開していましたが、長期雇用慣行下で頻繁に行われている配転制度となじまないことなどから、この戦略は失敗に終わりました〈本章3項〉。

しかし、現在進められている「職務給」の導入は、この点も意識した改革となっています。

現在の「職務給」導入の動きは、単に基本給を職能給から職務給に改めるだけでなく、

ⓐ会社主導の配転制度（定期的な人事異動制度）を従業員の意思を重視したポスティング制度（会社が募集するポストを公表し自ら手を挙げた従業員のなかから選考して配置を決定する制度）に移行する改革や、ⓑ従業員の主体的なキャリア形成（キャリアオーナーシップ）を支援する改革〈本章6項〉を同時に進めるものとなっています。そのほか、今回の改革では、ⓒ住宅手当、家族手当などの属人的な諸手当の廃止（基本給への組入れ）、ⓓ退職金のポータブル化（転職しても移転可能な確定拠出年金への移行）、ⓔ中途採用（経験者採用）の拡大、ⓕテレワーク・副業・フレックスタイム制など多様な働き方の推進、ⓖ役職定年制の廃止などの取組みも一体のものとして進められています。

これら取組みを一体として進めている今回の人事制度改革のエッセンスは、「正社員」中心の属人的な人事制度（いわゆる「メンバーシップ」型人事）を、多様性のある脱属人的な制度（いわゆる「ジョブ」型人事）に改め、働く人の主体性を高めることにあるといえます[24]。優秀な人材を確保し、働く人の主体性と価値を高めていくことによって、企業価値を高めていくことが、今回の改革の大きな狙いとなっています。

真由　「賃金だけじゃなくて、人事制度全体にわたって改革が進められているんですね。全体を変えていかないと、一部だけ動かしてもうまくいかないってことが、過去の経験から得られた教訓だったんですね」

宇野

「改革を大きな山にたとえると、うちの会社はまだ二合目ぐらいかなぁ。他の会社では、賃金だけ職務給・ジョブ型にして、採用は新卒中心、人事異動は会社主導、教育訓練も会社主導のOJTのままにしてるところもあるみたいだし。そういう会社も、うちの会社も、これからきつい坂を登っていくことになるのかもしれないけど、働く人にとっても、会社にとっても、いい結果につながるとすれば、がんばって登らなきゃいけないのかもしれませんね」

悠太

「終身雇用と年功序列が大きく変わりつつあるってことは、それと結びついた企業別組合も大きく変わろうとしてるんでしょうか？」

8 企業別組合の変化――ネット組合、協約の拡張適用など

宇野「僕は、入社と同時に、会社にある労働組合に加入して、毎月給料から組合費が差し引かれてますが、労働組合に、終身雇用や年功序列ほど大きな変化が起こってる感じはしないですね。会社の先輩たちが組合の役員になって、会社と賃上げ交渉とかを一生懸命やってくれてますが」

さくら「私の高校の先生も組合活動を熱心にやられてますが、日本の労働組合の姿って、いま大きく変化しようとしてるんでしょうか」

企業別組合と産業レベル・全国レベルの組合活動――春闘、政策参加など

日本の労働組合の特徴は、基本的に企業別に組織されているという点にありました。この企業別組合という特徴は、終身雇用や年功序列という日本的雇用システムの他の二つの特徴と結びついて形作られたものだったことは、前にお話しした通りです〈本章4項〉。

しかし、日本の労働組合は企業別組合だけで成り立っているわけではありません。

まず、企業別組合が産業レベルで結集した連合体として、産業別の連合組合（いわゆる「単産」）が結成されています。例えば、流通・サービス業等のＵＡゼンセン、自動車産業の自動車総連、地方自治体等の自治労、電機産業の電機連合、機械・金属産業等のＪＡＭ、鉄鋼・造船業等の基幹労連などです。この産業レベルの労働組合（単産）は、企業別組合への指導や組織の強化を図ることなどを主な役割としていますが、なかでも「春闘」でその重要な役割を果たしています。「春闘」とは、毎年年度末に（二月から三月にかけて）次年度（四月から）の賃上げ額など労働条件の基本的な方向性を企業と労働組合との間で取り決めるプロセスのことをいいます。この春闘の交渉そのものは、それぞれの企業レベルで行われますが、企業別組合は、加盟する単産から出される春闘の基本戦略、賃上げ目標、交渉スケジュール等を参考にしながら、企業と交渉を行うことが一般的です。この春闘は、①鉄鋼、電機、造船、自動車（「金属四単産」と呼ばれています）の主要企業での先導的な妥結結果が「春闘相場」を形成して全国的に波及効果をもつ（いわゆる「パターンセッター」）、②企業別の労使交渉のなかに物価、景気、生産性などマクロ経済的な視点を取り入れる、という機能・特徴をもっているといわれています。[25]

さらに、単産などが加入する労働組合の全国的な組織として、日本労働組合総連合会（連合）、全国労働組合総連合（全労連）、全国労働組合連絡協議会（全労協）という三つのナショナル・センターがあります。なかでも、最大のナショナル・センターである連合

（日本の全労働組合員の約七割が傘下に入っています）は、加入組合と連絡・協議を行いながら日本全体にわたる労働組合運動の方針を発信するとともに、労働者の代表として積極的に政策参加を行っています。具体的には、①内閣総理大臣、政党、行政官庁、経営者団体等との非公式の協議や、②行政官庁の各種審議会等への参加（委員の派遣）といった公式のルートを通して、労働者の生活の改善・向上を図るという観点から政策形成過程に参加するという役割を担っています。

真由「日本の労働組合は、基本的には企業別に組織されてるけど、春闘や政策参加を通じて、企業別組合ではできないこともやってるんですね」

宇野「自分たちの労働組合の活動が、そういう企業外の組合活動とつながってるとは思ってもいませんでした」

伊達「たしかに、産業レベルや全国レベルの組合活動は、交渉力の弱さとか視野の狭さという企業別組合の短所を補うために生み出されてきたものなんだけど、両方とも最近始まったものではありません。春闘は一九五五年に始まり、連合は一九八九年に結成されたものなので、春闘は約七〇年、連合は約三五年の歴史をもっています。ある意味では、企業別組合という基盤とセットになって、それを補うものとして歴史的に生まれてきたといえます」

悠太

「じゃあ、もっと最近の労働組合の変化はないんですか。終身雇用や年功序列の変化に対応するような」

労働組合の新しい動き――ネット労働組合、地域レベルでの協約の拡張

グローバル化やデジタル化といった近年の社会変化に対応した動きもないわけではありません。

そもそも、企業別組合は大企業に組織されていることが多く、中小企業には労働組合がないところがほとんどです[26]。社内に労働組合のない中小企業の労働者や、大企業でも管理職になって企業別組合を脱退した労働者にとっては、職場で困ったことがあっても身近に相談できる労働組合がありません。そのような人たちが相談できる労働組合として、企業を超えて組織された労働組合もあります。かつては地域合同労組（地域一般労働組合）、最近ではコミュニティ・ユニオン（パートユニオン、派遣ユニオン、管理職ユニオンなど）と呼ばれている組織です。近年、労働市場の流動化のなかで、この社外のユニオンの活動が活発になっていて、インターネットで相談したり加入したりすることができるネット労働組合も登場しています。デジタル化や働き方の多様化のなかで、労働組合の形態も変わっていく可能性があります。
もう一つの新たな動きとして、企業別組合と会社との間で締結された労働協約の地域レベルへの拡張適用が広がっています。二〇二一年には、ヤマダ電機等の三つの会社（大型家電量販店）とそれらの企業別組合（いずれもUAゼンセン加盟組合）との間で締結された労働協約（年間所定休日を原則一一一日以上とするもの）を、茨城県全域の大型家電量販店に拡張して適用することが厚生労働大臣により決定されました。その後も、ヤマダ電機等の労働協約を青森県・岩手県・秋田県全域の大型家電量販店に拡張適用する決定（二〇二三年）、福岡市の水道検針業務受託会社二社の労働協約を福岡市全域の時間給制水道検針員に拡張適用する決定（二〇二四年）がなされるなど、企業別に締結された労働協約を、企業を超えて拡張適用しようとする動きが展開されています（労組法一八条に基づく労働協約の拡張適用については「第4章」14項）。これは、企業別労働組合の活動の成果を地域レベル・産業レベルに広げていこうとするものであり、企業別の労使関係からの脱却に向けた改革の第一歩といえるかもしれません。

悠太　**「労働組合にも、企業別組合からの脱却に向けた外向きの変化がみられてるんですね」**

宇野「でも、終身雇用や年功序列からの変化に比べると、労働組合の変化は大きくない気がするなあ。実際に、うちの労働組合のなかからは、改革の気運みたいなものは感じとれないし。会社が改革しようっていってきたときにどう対応しようか考えるという受け身の姿勢になってるような気がします」

真由「日本的雇用システムの三本柱の一つという位置づけからすると、他の二つの柱の変化のなかで、残されたもう一つの企業別組合はどう変化することが求められているんでしょうか」

求められる変化の方向性

たしかに、終身雇用は、①転職の増加と②働く人の主体的なキャリア形成の方向に変化し〔本章6項〕、年功序列は、①年功賃金カーブの緩和と②外部市場と結びついた職務給への移行の方向に変化する動きがみられています〔本章7項〕。

そのなかで、企業別組合に求められているのは、働く人の企業の外に向けた動きや企業の外とのつながりを労使関係のなかに取り込んでいくことだと思います。例えば、ヨーロッパの産業別の労働組合では、産業別の使用者団体と連携して、働く人のリスキリングや転職支援を労使が主体となって行っています。賃金についても、企業を超えた産業レベルの労働協約で職務と格付けに応じた賃金表を設定するのが、ヨーロッパでは一般的です。日本でも、企業ごとに内向きに展開されてきた終身雇用や年功序列が企業の外に向けて変化しているなかで、労働組合と使用者間の労使関係も企業の外に開かれたものに変化し、地域・産業レベルや国レベルでの連帯（社会的な結びつき）の基盤となることが求められているといえるでしょう。

他方で、市場や技術の変化が高速化するなかで、企業単位を超えたより広いネットワークとしての労使関係とともに、変化への迅速で柔軟な対応を可能とする分権的な話合いの基盤（例えば企業レベルでの労使関係）も重要になっています。近年のヨーロッパの労使関係では、大きな方向性や基本原則は全国レベルや産業レベルで決めながら、その枠組みのなかでの具体的な内容は企業レベルでの話合いで決定するという方向で、労使関係の分権化が進められています。

悠太「ということは、日本の労働組合にとっては、企業の外へ向けた関係を作っていく改革が必要だけど、同時に、企業内の話合いの拠点という役割を維持していくことも大切なんですね」

真由「あと、中小企業には労働組合がほとんどないなかで、そういうところにも労使の

宇野

話合いの場を作っていくことも大事なんじゃないでしょうか。自分の身を守るためには、就職する会社に労働組合があるかどうかも気になるところです」

「これまで一組合員として、労働組合の未来とか課題とかを考えたことはありませんでしたが、たしかに大きな動きでみると、そういう課題があるということはよくわかりました」

9

日本の「働き方」のいま——国際的な位置づけ

悠太「日本的雇用システムがどういうもので、いまどう変化しようとしてるのかが、わかったような気がします」

さくら「そのなかで、日本の働き方がもたらしてきた現状とか、日本が国際的にみて置かれている位置づけとかを、改めて確認できたらうれしいです。夏休みの自由研究のためにも、現状をきちんと認識することは大切だと思うし」

伊達「じゃあ、一九九〇年代以降の『失われた三〇年』を経た日本の現状について、国際的にみてどういう位置づけになっているか、少し確認しておきましょう」

悠太＆さくら「はい」

伊達「一九九〇年代のバブル経済の崩壊やその後のグローバル化のなかで生じた『失われた三〇年』と呼ばれる日本の長期的な停滞は、働く人にとって、実質賃金、働きがい、労働生産性という三つの面で、深刻な事態をもたらしています」

実質賃金の低迷

実質賃金とは、働く人が実際に受け取る賃金（名目賃金）から物価上昇分を除いたものです。働く人の実際の購買力を示す指標といえます。日本は、この実質賃金の面で、長期的な低迷状態に陥っています。

ＯＥＣＤデータをもとに一人あたり実質賃金（二〇二二年のアメリカドル〈購買力平価ベース〉により実質化した値）の推移をみると、一九九一年から二〇二一年にかけて、アメリカは一・五二倍、イギリスは一・五一倍、フランスとドイツは一・三四倍に上昇していますが、日本は一・〇五倍にとどまっています。[27] 他の先進諸国では、グローバル競争のなかでも実質賃金の上昇がみられるなか、日本では実質賃金がほとんど上がらない状態が続いたのです。

賃上げについては、「鶏が先か、卵が先か」に似た議論があります。賃上げと生産性向上の関係について、生産性向上（「鶏」）があって初めて賃上げ（「卵」）ができるという議論と、先に賃上げ（「卵」）があって生産性向上（「鶏」）が出てくる（賃上げによって働く人のやる気が高まる、または、消費が活性化して商品が売れ企業利益が上がって投資を行うことで生産性が上がる）という議論です。「失われた三〇年」の日本では、この「鶏」も「卵」もどちらも出てこずに、賃金が上がらない状態に陥っていたといえます。

「卵」（賃上げ）が生まれなかった一つの理由として、企業別に組織されている労働組合の構造が挙げられます。企業別組合は、その企業の従業員によって構成されているため、企業が経営難に陥って倒産したら組合員自身も雇用や将来の安定（終身雇用や年功序列の約束）を失うことになります。バブル崩壊やグローバル競争で企業が困難な状況に直面するなかで、企業別組合が自分たちの長期的な利益を守るためにも、高い賃上げ（特に賃金の底上げとなるベースアップ）を強く求めなかったことが一因となって、実質賃金が上がらない状況が長く続いたのです。

これと並行して、「鶏」（生産性向上）も得られない状況が続きました。日本企業は、労働生産性を上げるための教育訓練投資を行う余力をなくしていたのです。厚生労働省『就労条件総合調査』によれば、常用労働者の労働費用全体に占める教育訓練費の割合は、バブル崩壊前の一九八八年には〇・三八％（一人一か月平均一五二一円）だったのが、一九九一年には〇・三六％（同一六七〇円）、二〇一六年には〇・二四％（同一〇〇八円）、二〇二一年には〇・一六％（同六七〇円）と大きく減少しています。

真由　「日本企業にとって、『失われた三〇年』は、『鶏』も『卵』も生み出せないで壁にぶつかっていた状態だったといえるんですね」

宇野　「でも、うちの会社では、たしかにベースアップは難しいけど、毎年、定期昇給は確保するっていって、みんな二%から三%ぐらい賃金は上がってます」

伊達「そこが、日本の賃上げのトリックなんです。定期昇給は年功賃金カーブの傾きのことで、勤続していれば、毎年、次の年次へと上がっていきます。でも、企業全体でみると、毎年、賃金が高い定年の人が辞めて、賃金が安い新入社員が入ってきて、その間の人は右に一年ずつ移動するだけで、定期昇給だけだと、賃金全体の構造は何も変わっていないんです」

さくら「日本は、その壁をうまく越えられるんでしょうか?」

伊達「政府は、賃上げを労使任せにしないで、『官製』春闘と呼ばれるように、春闘での賃上げに積極的に口出ししています。また、最低賃金を毎年高く引き上げることによって、全国的な賃金の底上げを図っています。実際に、二〇二三年、二〇二四年の春闘では、定期昇給分を上回るベースアップを行った企業も多くなっています。さらに、生産性向上の面でも、政府は、リスキリングの支援や主体的キャリア形成の促進を図る『三位一体労働市場改革』を打ち出しています」

さくら「『鶏』も『卵』も同時に生み出す方向で、政府も労使も改革に乗り出してるんですね。それがどれくらい結果を生み出せるかが課題ですね」

働きがいの低さ

働きがいが低いことも、とても深刻な問題です。

オランダの総合人材サービス会社ランスタッドが二〇一九年に実施した仕事満足度（job satisfaction）調査によれば、日本は「仕事に満足」と回答した労働者の割合が四二％と、調査対象三四か国のうち最下位でした（一位はインドの八九％、アメリカは七八％で五位、ドイツは七一％で一七位、フランスは六八％で二七位[28]）。また、アメリカの調査会社ギャラップが二〇二二年に実施した働きがい（employee engagement）調査によれば、日本は働きがいの強い従業員の割合は五％で、調査対象一二八か国中、イタリアと並んで最下位でした（世界平均は二三％、アメリカは三四％、ドイツは一六％、フランスは七％[29]）。このように、働く人の働きがいを国際的に調査したところ、日本の労働者の働くことに対する満足度ややりがい（「エンゲージメント」とも呼ばれています）は世界のなかでも極めて低いことが示されたのです。

真由 「働く人がやる気をもって働けないということは、働く人本人にとってよくないことはもちろんですが、会社にとっても生産性とか企業利益に悪い影響が出そうですね」

宇野
「働いていて、仕事にやりがいとか達成感とかを感じることもあるけど、たしかに、やらされ感があるのも事実ですね。膨大な仕事を与えられたり、残業しても仕事の終わりが全然みえないときのやらされ感は半端ないですね」

さくら
「前の歴史の話で、日本って『まじめに働くことはいいことだ』という労働観があるって話でしたよね〈「第1章」3項〉。そのなかで、実際に働いてる人に聞いてみると、働くことにやりがいを感じられていないというのは、すごく深刻な話じゃないですか。同じように『まじめに働くことはいいことだ』っていうプロテスタントの倫理観があったアメリカでは、働く人のやりがいは高くなっているし」

真由
「日本では、アメリカとは対照的に、『働くこと』についての道徳観と実際の意識のギャップが大きいということでしょうか。それって、働く人が、社会的な価値観の押し付けみたいなものを受けながら、アメリカでは、それを『喜び』とか『やりがい』と感じて働いている人が多いのに対し、日本では、それを『やりがい』とは感じられずにネガティブな気持ちで働いている人が実際には多いということですよね」

宇野
「それって、実際に働いてる環境にもよるんじゃないかな。さあがんばって働くぞーって入社してみたら、予想以上のハードな環境で、だんだんやりがいを失っていくみたいな」

日本の働きがいの低さの大きな理由は、働く人の主体性や自主性の欠如にあるのではないかと考えられています。終身雇用、年功序列、企業別組合という日本的雇用システムが作り出した企業別の労働市場（いわゆる「内部労働市場」）のなかで、仕事の内容や配属先は企業が広範な人事権を行使しながら決定し、その基礎となる評価も客観性や透明性に欠ける形で行われてきました。この企業主導の不透明な人事のなかで、働く人は、自分の仕事やキャリアについて受け身の姿勢にならざるを得ず、やる気をもって働いてもそれがいかに報われるのかわからない状況に置かれていました。この仕事やキャリアに対する主体性や自主性の欠如が、自らの専門的なスキルを基礎として仕事やキャリアを主体的に選択・展開している欧米諸国の労働者とは対照的に、日本の労働者の働きがいの相対的な低さにつながっているのではないかと考えられています。

このような現状分析のもと、日本企業でも、従業員に主体性を付与することで働きがいを高めようとする改革が始まっています。例えば、働く人の主体的なキャリア形成（「キャリアオーナーシップ」）の支援〈本章6項〉、仕事の価値と結びついた「職務給」の導入、従業員の意思・希望による職務配置の決定（「ポスティング制度」の拡充）〈本章7項〉などの取組みを、長時間労働の是正とあわせて推進することで、従業員のエンゲージメントを高めようとする改革が進められています。[30]

労働生産性の相対的低下

労働生産性の相対的な低下も、問題となっています。

労働生産性とは、一時間または労働者一人あたりの生産量のことをいいます（生産量を分子、労働投入量（労働時間数または労働者数）を分母として計算）。どれだけ効率的に製品やサービスを生産できたかを測る指標です[31]。

この労働生産性の変化を国際比較すると、一九九五年にアメリカ（一時間あたり三三・二ドル）の約七一％（同二三・六ドル（購買力平価換算））で、OECD加盟三七か国中二一位であった日本の労働生産性は、二〇二二年にはアメリカ（同八九・八ドル）の約五八％（同五二・三ドル（購買力平価換算））で、OECD加盟三八か国中三〇位（データが取得可能な一九七〇年以降最も低い順位）となっています本章6項の注19参照。

宇野　「なぜ、日本の労働生産性は低いんでしょうか。労働時間が長くて仕事の効率が悪くなってるのか。物価が安くて生産量の額が低めに出てしまってるのか。それとも、デジタル化への対応が遅れていて生産性が相対的に低くなってるのか。原因がわかると、どう対応していいか考えられると思うんですが」

悠太

「それがわかると、どういう会社がこれから成長するかがわかって、仕事選びとか会社選びの参考にもなりそうですね」

生産性を基礎づける要因の国際比較をした最近の研究[32]によると、日本の生産性の現状には次のような特徴があることが明らかになっています。

一方で、生産性向上の原動力となる「教育・人材」については、学力的パフォーマンスを示す学校教育成績（PISA）と社会人成績（PIAAC）がいずれも日本は高いことを反映して、アメリカ（四六か国中一三位）やドイツ（同一六位）より高いスコア（同一一位）となっています。もっとも、教育投資（対GDP比でみた人的資本投資額）、国外への留学生比率、女性管理職比率がいずれも低水準にとどまるなど、「教育・人材」のサブカテゴリである人材投資・育成については、四六か国中三八位となっています。

他方で、日本の生産性が低い要因としては、付加価値創出力の低さが挙げられています。「IT・デジタル化」と「イノベーション」については、日本は、比較対象四六か国の平均をやや上回り、OECD加盟国の平均並みのスコア（「IT・デジタル化」は四六か国中、アメリカ六位、ドイツ一〇位、日本一九位、「イノベーション」は四六か国中、アメリカ五位、ドイツ九位、日本一三位）となっています。しかし、「教育・人材」「IT・デジタル化」

「イノベーション」のいずれのカテゴリでも、そのサブカテゴリである付加価値創出力（「教育・人材」ではSTEM〔科学・技術・工学・数学〕人材あたりの付加価値、「IT・デジタル化」ではICT〔情報通信技術〕資産あたりの付加価値、「イノベーション」では研究開発費あたりの付加価値）がいずれも、アメリカやドイツより低いだけでなく、四六か国平均をも下回っています。日本は、一定の人材や資産を有していても、そこから付加価値を創出する力が国際的にみて低いことが示されています。

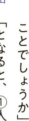

宇野「この研究からわかることは、①日本の人材の学力は高いけど、人材への投資や育成がうまくいっていないことと、②デジタル化やイノベーションでも先進諸国の平均的な水準にはあるけれど、そこから付加価値を生み出す力がいずれも弱いということでしょうか」

真由「となると、①人への投資を行って多様な人材を育成していくことと、②デジタル化でも技術革新でも、付加価値の創出につながるような基盤の整備を行っていくことが必要ってことですね」

さくら「いま、日本の先進的な企業が行っている主体的なキャリア形成の支援とか、仕事の価値と結びついた職務給の導入といった人事制度改革は、まさにここで指摘されている日本の弱点を克服して、付加価値を生み出せる企業に生まれ変わろうとする改革といえそうですね」

悠太

「ということは、仕事選びや会社選びをするときには、いまの日本企業の改革の行方をしっかりと観察して、これまでの弱点を克服できているか、働く人も会社も付加価値を生み出して成長できているかをチェックすることが、ポイントになりそうですね」

10

日本の「豊かさ」と課題――人口減少と「豊かさ」の尺度

さくら「人への投資とか、付加価値の創出という面では課題があるけれど、学力という点では学生も社会人も国際的にみて高い水準にあるということは、なんだか勇気づけられる気がします。制度と意識を変えていけば、日本もまだまだ力を発揮できそうな気が……」

真由「でも、これから人口減少が一気に進んでいきそうだし、日本はそのパワーとか豊かさを維持していくことができるんでしょうか」

伊達「予測とか評価が難しい問題になるけど、人口減少とか国の豊かさという観点から、少し議論を整理しておきましょうか」

少子・高齢化と人口減少

現在の日本では、少子化と高齢化が同時に進行し、人口減少が進んでいます。

少子化を測る指標として一般に用いられる「合計特殊出生率」は、一人の女性が一生の間に出産する子どもの人数を示す数値（一五歳から四九歳の全女性の年齢別出生率を合計したもの）です。一九四七年に四・五四だった日本の合計特殊出生率は、その後低下を続け、一九六一年に一・九六と初めて二を切ります。二〇〇五年には一・二六まで低下しましたが、翌二〇〇六年から増加に転じ、二〇一五年には一・四五まで増加しました。しかし、二〇一六年以降再び低下傾向となり、二〇二三年には過去最低の一・二〇となっています（厚生労働省「人口動態調査」）。

高齢化を測る指標としては、平均寿命（〇歳の平均余命）が用いられます。日本人の平均寿命は、一九四七年には男性五〇・〇六歳、女性五三・九六歳でしたが、その後趨勢《すうせい》的に上昇を続け、一九九〇年には男性七五・九二歳、女性八一・九〇歳、二〇二〇年には男女とも過去最高の男性八一・五六歳、女性八七・七一歳に達しました。その後も高位で推移し、二〇二三年には男性八一・〇九歳、女性八七・一四歳となっています（厚生労働省「簡易生命表（二〇二〇年以前は完全生命表）」）。世界保健機構（ＷＨＯ）が発表した世界保健統計二〇二四年版（二〇二一年の推計値）によると、日本人の平均寿命（男女計）は八四・五歳で世界第一位（男性八一・七歳はイスラエルに次いで二位、女性八七・二歳は一位）の長寿国になっています。

この少子・高齢化のなかで、日本の人口は減少傾向にあります。日本の総人口は、二〇〇八年に一億二八〇八万人でピークを迎え、二〇二四年七月には一億二三九六万人となっています（総務省統計局「人口推計」〈概算値〉）。国立社会保障・人口問題研究所の「日本の将来推計人口」（二〇二三年推計）によれば、日本の総人口は二〇七〇年には八七〇〇万人（二〇二〇年〈一億二六一五万人〉の約七割）に減少すると推計（出生中位・死亡中位推計）されています。また、高齢化率（総人口に占める六五歳以上人口の割合）は、二〇二〇年の二八・六％から二〇七〇年には三八・七％に上昇する（二・六人に一人が六五歳以上となる）と推計されています。

悠太「少子化と高齢化が同時に進んで、これから五〇年で人口が約三割減って、高齢者の割合が人口の約四割になってしまうと推計されてるんですね」

真由「となると、①労働力不足によって十分な生産活動ができなくなったり、②高齢化によって社会保障財政が破綻《はたん》したり、③マイナス成長が続いて経済も社会も停滞するということにならないでしょうか」

さくら「これから五〇年って、まさに私たちの世代ですね」

労働力不足の懸念

たしかに、少子化が進行するなか、労働力不足が深刻になっていくことが予想されます。しかし、少子化は、先進諸国にある程度共通した現象です。韓国（合計特殊出生率〇・七二〈二〇二三年〉）と日本はより深刻な状況にありますが、先進諸国のなかで韓国と日本だけが直面している課題というわけではありません。

日本としては、ⓐこれまで十分に活用されてこなかった女性を活用する余地が他の先進諸国より大きく、ⓑ就労意欲が高い日本の高齢者に対する差別や制約をなくしその活用を進める余地も大きいといえます。また、ⓒこれまでＩＴ・デジタル化やそこでの付加価値創出が十分でなかった分、ＡＩ・ロボットによる労働力の代替を技術的に進めていく余地も大きいといえます。さらに、ⓓ人口減少や高齢化の進行には地域差があるため、その差を利用して外国人を招聘《しょうへい》する（そのために多様性を受容する法的・文化的基盤も整える）ことも重要な対策となるでしょう[33]。

このように、労働力不足に対する対策としても、日本的雇用システムの閉鎖性・定型性を打ち破って、多様な人々を積極的に受け容《い》れ活用していく基盤を整えていくことが不可欠といえます。

社会保障財政の破綻の懸念

　少子・高齢化が進行し、年金生活を送る高齢者を支える現役世代の人数が相対的に少なくなっていくと、社会保障財政が破綻する懸念も大きくなっていきます。とりわけ、社会保険（老齢年金や医療保険）制度において、保険料を納める世代が縮小し、給付を受ける世代が増加すると、厳格な保険原理を維持しながら安定した給付を行うことは、制度の構造上無理といえます。しかし、社会保険という制度自体、生活保障システムの一手段に過ぎないものです。その根幹にある「健康で文化的な生活の保障」という社会保障の本来の目的を達成するためには、税制を含めた社会保障制度の一体改革を行うことが重要になってきます。例えば、イギリスのユニバーサル・クレジット（社会保障と税制を統合した低所得者への生活保障給付制度）やアメリカのＥＩＴＣ（低所得者向けの給付付き税額控除制度）は、税制と一体となって社会保障制度の改革をした例といえます。日本でも、このような視点からの改革を行うことが喫緊の課題となります。

　また、世代間の人口構成の適正なバランスを保つという観点から、合計特殊出生率を改善するための施策を講じることも重要になってきます。経済史学者である小野塚《おのづか》知二《ともじ》教授は、日本の合計特殊出生率の改善のためには、恋愛・性・結婚・育児など生殖の諸過程を窮屈・不自由で重いものにしている原因を除去することが本質的な解決策であると述べ、抑圧的な家族制度や古くさい倫理観を改める必要があるとしています[34]。そのような倫理観とも結びついて、恋愛・結婚・出産・育児など通常の私的生活を送ることを難しくしている企業による重い拘束・負荷（長時間労働や遠隔地転勤など）をなくしていくことも、重要な課題といえるでしょう。

マイナス成長の懸念――「豊かさ」を測る尺度

少子化による人口減少により、恒常的なマイナス成長に陥り、経済と社会が立ち行かなくなるという懸念もあります。

「経済的な豊かさ」を示す指標として、これまで、国民一人あたり国内総生産（GDP）が用いられることが一般的でした。国民一人あたりGDPは、国内総生産（GDP）を人口で割ることで算出されます。OECD加盟三八か国の二〇二二年の国民一人あたりGDP（購買力平価でドル換算したもの）をみると、一位はルクセンブルク（一四万〇一五〇ドル＝一三六七万円）、二位はアイルランド（一二万七一四六ドル＝一二四一万円）で、アメリカは五位（一一万四九三二ドル＝一一二一万円）、ドイツは一三位（六万三五二二ドル＝六二〇万円）、日本は二七位（四万五五九一〇ドル＝四四八万円）でした（日本生産性本部『労働生産性の国際比較2023』）。この国民一人あたりGDPでみる限り、日本の「経済的な豊かさ」は先進諸国のなかで低い位置づけとなっています。

しかし、国の豊かさは、必ずしも経済的な価値（市場で価格が付けられている財やサービスの総量）だけでは測れません。そこで、経済的な指標（ＧＤＰ）以外も考慮に入れて、国の豊かさを測ろうという動きもみられています。

例えば、国連開発計画（ＵＮＤＰ）が発表する指標として、人間開発指数（Human Development Index＝ＨＤＩ）があります。これは、その国の暮らしの豊かさを示す尺度とされ、「長寿で健康な生活（平均寿命指数）」、「知識（教育指数）」、「人間らしい暮らし（ＧＤＰ指数）」の三つの指数をもとに算出されます。二〇二四年のＵＮＤＰの報告書によると、国連に加盟する一九三か国中、一位スイス、二位ノルウェー、七位ドイツ、二〇位アメリカで、日本は二四位（ＯＥＣＤ加盟三八か国では二〇位）となっています。経済（ＧＤＰ）のみで測る豊かさより、少し順位が上がります。

また、ＯＥＣＤは、国民の実感に近い豊かさを数値化する取組みとして、よりよい暮らし指標（Better Life Index＝ＢＬＩ）を提唱しています。これは、住宅、所得、仕事、コミュニティ、教育、環境、市民参加、健康、生活満足度、安全、ワークライフバランスという一一の各項目を〇～一〇の範囲で数値化し、各国間の暮らしの豊かさの比較を可能とするものです。ＯＥＣＤが二〇二〇年に公表した報告書によれば、一一項目を重みづけなしで総合した結果、対象四一か国（当時のＯＥＣＤ加盟国三七か国とブラジル、コスタリカ、ロシア、南アフリカ）のうち、一位ノルウェー、二位アイスランド、八位アメリカ、一三位ドイツで、日本は三〇位と低い位置づけとなっています。項目別にみると、日本は、教育、仕事、安全では比較的高い数値となっていますが、生活満足度、コミュニティ、健康は低く、ワークライフバランスと市民参加は最低水準となっています[35]。

真由「人口減少のなかで、できるだけ多くの人に仕事で活躍してもらったり、付加価値を生み出せるシステムを作っていって、経済的な豊かさを高めていくことも大切だけど、特に私たちにとっては、ワークライフバランスを実現したり、生活や健康面での満足度を高めたり、コミュニティ作りや市民参加を促していくってことも大切だってことでしょうか」

宇野「たしかに、会社で長時間働いてると、ワークライフバランスは二の次になって、学生時代みたいにサークル活動とかボランティアをする余裕もなくなっちゃいますね。そういう状態が続くと、生活とか健康面での満足度も低くなって、暮らしの豊かさが全体として低くなってるってことかな。どの項目を重くみるかで、豊かさの意味とか定義も変わってくるとは思うけど」

悠太「日本って、教育水準とか暮らしの安全度は高いし、平均寿命は世界で第一位なんですよね。豊かさを実現するための底力みたいなものは、まだまだ日本にたくさんあるような気がします。これからマイナスになっている点を少しずつ解決していって、日本の豊かさ全体を高めていくことってできないんでしょうか」

さくら「いま日本で行われている改革って、そのマイナス点を克服しようとするものといえるんじゃないかな。長時間労働の解消とか、働く人の主体性の尊重とかって、労働生産性とか付加価値っていう経済的な意味をもつだけじゃなくて、働く人のワークライフバランスとか、生活面での余裕、満足度にもつながって、豊かさ全体の向上にもつながっていくんじゃないでしょうか」

伊達「うん、いい発見。話が全体としてつながってきたね」

11

日本の「働き方」と「企業」の類型
——ブラック、ホワイト、モーレツ、プラチナ

真由「たしかに、日本の企業のなかには、長時間労働をなくして残業のない働き方を実現しようとしているところもありそうですが、社員が残業することを当然だと思っている企業もまだまだたくさんあると思います。就職先を選ぶ際に、残業のない会社を探し出すのってすごく難しいです」

宇野「たしかに、うちもまだまだ残業はあるし、転勤も会社からの辞令で決まっちゃいます。『主体的なキャリア形成』はまだまだかもしれません」

悠太「本とかネットで、ブラック企業っていう言葉をみたことありますが、それってどういう企業を指すんですか」

さくら「プラチナ企業っていう言葉も聞いたことあります」

伊達「じゃあ、働き方という観点からみた日本企業の類型について、最近話題になっていることを少し話しておこうか」

「ブラック企業」と「ホワイト企業」

「ブラック企業」という言葉は、二〇〇〇年代にネット上で、従業員を酷使する企業、就職を勧められない企業の「ブラックリスト」が横行するなかで使われ始めた言葉だといわれています。法律上明確な定義があるわけではありませんが、一般的には、「従業員を違法・劣悪な労働条件で酷使する企業」を指す言葉といえるでしょう。[36] 二〇一三年には、「ブラック企業」という言葉が、ユーキャン新語・流行語大賞のトップ一〇に選出されました。

この「ブラック企業」という言葉は、日本の企業の一部で、長時間労働、サービス残業（賃金不払い残業）、ハラスメントなどが横行していることに対する社会的な警告という意味をもつものでした。その実態を知らずに就職した若者などが酷使され、早期に離職する（場合によっては辞めさせてもらえずに酷使され続ける）という実態があることを、就職する前の若者たちに知ってもらうこと、そして、もしそういう実態に直面したときは、躊躇《ちゅうちょ》なくアクションを起こすこと（まずは友人や公的窓口、労働組合、弁護士などに相談すること「第4章」16項）を促し、法律に違反するような悪質な実態をなくしていくことを目指す取組みでした。その後、二〇一八年の働き方改革関連法（いわゆる「働き方改革」）などによって、法律上も長時間労働など劣悪な労働環境を改善していこうという動きが強まり、「ブラック企業」をなくそうという気運は社会的に高まっています。

この「ブラック企業」と対置される言葉が「ホワイト企業」です。これも、法律上定義された言葉ではありませんが、一般的には、法令遵守（コンプライアンス）意識が高く、実際に長時間にわたる残業がなく休暇もとりやすいなど、働きやすい職場環境が実現されている企業のことをいいます。企業のなかには従業員の平均残業時間数や有給休暇取得率を公表しているところもあり、自社の働きやすさを外からも見えるようにして優秀な人材を確保しようとする動きも出てきています。

宇野　「うちの会社は、どっちにあたるか微妙なとこだなぁ。サービス残業はないけど、長時間労働で健康を損なって、休職したり会社を辞めちゃった人もいるし」

真由　「ホワイト企業の情報は外に出てくるけど、そうじゃないところの情報ってなかなか外に出てこないですよね。就職先を探すときに、社内の実態が外から見てわかるところと、わからないところがあるんですよね」

宇野　「たしかに、法律に違反するようなことはあってはいけないけど、法律に違反しない範囲で、ある程度長時間働くか、残業なしの働き方をするかは、会社にとっても、働く人にとっても、選択の問題っていえないかな。働いて技能を習得したり、やる気をもって仕事に打ち込むためには、ある程度のハードワークも必要な気がします」

「モーレツ企業」と「プラチナ企業」

仕事へのやる気（働きがい）という観点から、「ホワイト企業」に異を唱える形で出てきたのが「モーレツ企業」という言葉です。長時間労働やハラスメントのない職場環境を作って、従業員の「働きやすさ」を高めたとしても、従業員が「働きがい」をもって働けなければ、従業員も企業も成長できません。そのような認識のもと、ワークライフバランス（働きやすさ）よりハードワークによって従業員のやる気（働きがい）を高め、企業競争を勝ち抜こうとしているのが「モーレツ企業」です。日本経済新聞が二〇二四年四月に連載した「NEO-COMPANY」という企画では、従業員の働きやすさは低いが、働きがいが高い企業を「モーレツ企業」、これとの対比で、働きやすさは高いが、働きがいが低い企業を「ホワイト企業」と呼んでいます。

この日本経済新聞の企画（上場企業約二三〇〇社を対象とした調査）では、それぞれのタイプ（スコア上位一〇〇社）の売上高の伸び率（二〇一三年度から二二年度までの一〇年間）と株式市場での評価（株価純資産倍率＝ＰＢＲ）を集計しています。その結果、売上高の伸び率（年平均）はホワイト企業四・六％、モーレツ企業六・六％、株式市場での評価

【図表3】「働きやすさ」と「働きがい」による企業の4類型

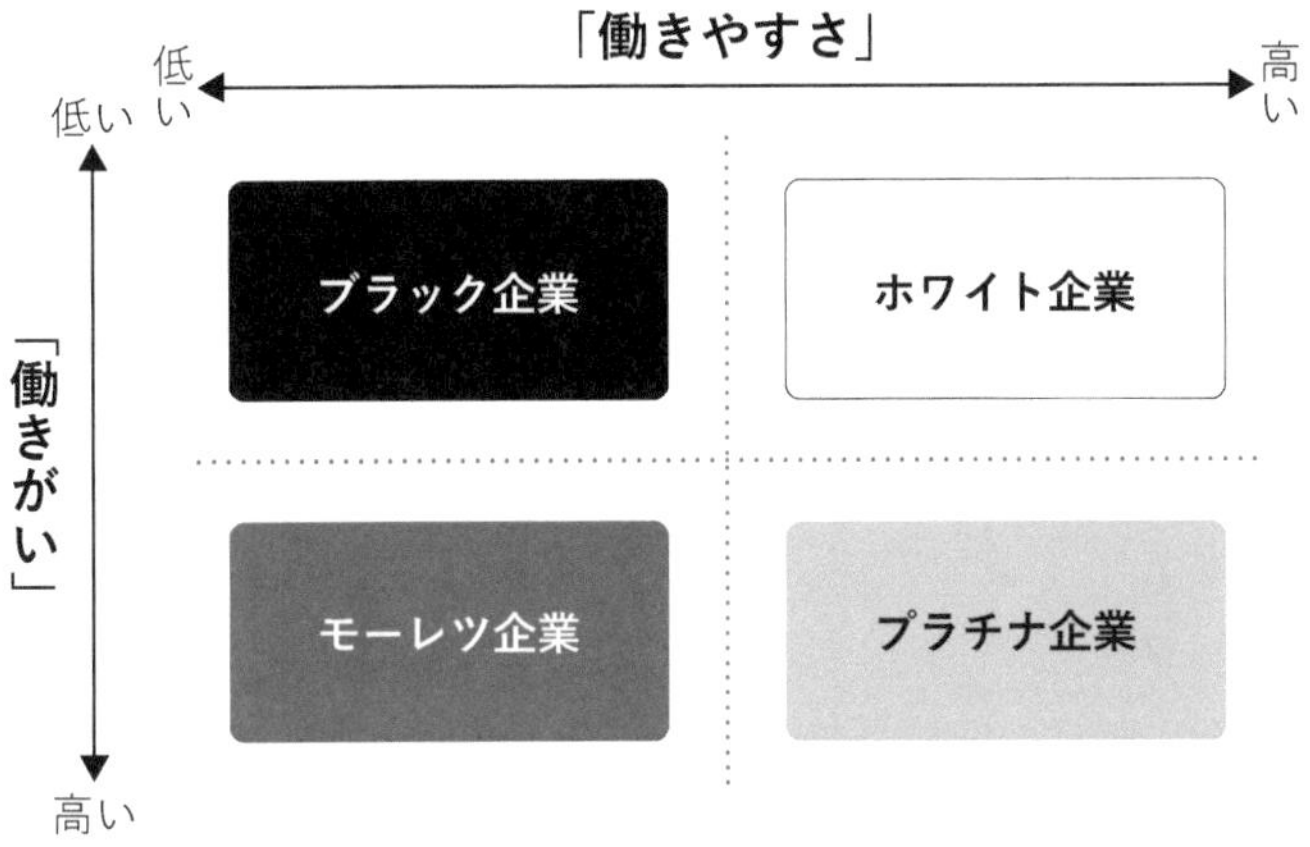

（ＰＢＲ）はホワイト企業二・三倍、モーレツ企業二・五倍と、いずれもモーレツ企業がホワイト企業を上回る結果となりました。モーレツ企業を代表する会社としては、ニデックや王将フードサービスが挙げられています（二〇二四年四月一六日付け紙面）。

さらに、この企画では、「モーレツ企業」や「ホワイト企業」を超える新たな進化型として、「プラチナ企業」というタイプも提示されています。「プラチナ企業」とは、「働きやすさ」と「働きがい」の両方が高い企業とされ、その対極にあるのが、「働きやすさ」も「働きがい」も低い「ブラック企業」とされています（図表3参照）。

このなかで、「プラチナ企業」（スコア上位一〇〇社）は、売上高の伸び率（年平均）七・八％、株式市場での評価（ＰＢＲ）三・

三倍と、いずれも「ホワイト企業」や「モーレツ企業」を大きく上回る結果となっています。長時間労働を減らし、勤務場所や時間を選べる「働きやすさ」に加えて、意思決定過程を透明化し、従業員の希望や自律性を重視する取組みによって「働きがい」も高まっていくと、ハードワークを強いなくても生産性が上がり、企業の業績や評価も上がることが示されているのです。日本経済新聞は「プラチナ企業トップ一〇〇社」というランキングを発表していて、その一位にはサイボウズ、四位には味の素、五位にはメルカリが名を連ねています（二〇二四年五月七日付け紙面）。

さくら「プラチナ企業って、そういう意味だったんですね。私たちが就職するころには、そういう企業がもっともっと増えればいいなあ」

宇野「うちの会社は、現状ではモーレツ企業といえるかもしれないけど、これからプラチナ企業に進化していくのかなあ。どういう方法でプラチナ企業に近づいていったらいいか、働きやすさの面でも、働きがいの面でも、やらなきゃいけないことがいっぱいあって、そう簡単じゃない気がします。今の会社のやり方を変えるより、転職するほうが早いかもしれないですね」

さくら「日本企業がいま、日本的雇用システムを抜け出すためにやってることって、よく考えてみると、主体的なキャリア形成〈本章6項〉にしても、職務給の導入とかポスティング制度〈本章7項〉にしても、働く人のやる気を高めてプラチナ企業に進化していくための取組みといえるかもしれないですね」

真由　「最近よく、健康経営とか、人的資本経営とかという言葉を目にするんですが、プラチナ企業への進化って、こういう企業経営の動きとも関係してるんでしょうか」

12 日本企業の「経営」の方向性

宇野「うちの会社でも、最近、『パーパス経営』とか『見える化』っていう言葉がよく使われてます。こういう経営方針って、働く人の意識とかやる気を高めようとしている点で、働き方の改革と根底でつながってるかもしれないですね」

真由「企業経営と働く環境って、表裏一体でつながってるのかな」

悠太「企業経営の話ってあまり聞いたことがないので、少しわかりやすく教えてもらえますか」

伊達「じゃあ、日本企業の経営のトレンドを簡単にみておこうか。ここでは、健康経営、パーパス経営、人的資本経営の三つを取り上げましょう」

「健康経営」または「ウェルビーイング経営」

まず、最近注目されている企業経営のトレンドとして、「健康経営」または「ウェルビーイング経営」があります。

「健康経営」とは、従業員の健康管理を企業経営の観点から捉《とら》え、健康の増進を戦略的に実践することをいいます。従業員が健康な状態で働けることは、従業員のやる気や生産性の向上をもたらし、企業業績や企業価値の向上にもつながることが期待されます(37)。また、健康で働ける状態が長く続くこと（健康寿命の延長）は、少子化（労働力不足）や社会保障費用（医療費や年金負担）の増加に対する有効な対策にもなります。このような観点から、それぞれの企業だけでなく、政府も健康経営を積極的に推進しています。

例えば、経済産業省は、上場企業を対象に「健康経営銘柄」を選定し、健康経営に取り組む優良な法人を認定する制度（そのなかで大規模法人上位五〇〇法人を「ホワイト五〇〇」、中小規模法人上位五〇〇法人を「ブライト五〇〇」として顕彰する制度）を設けています。どの企業が健康経営に取り組んでいるかを外から「見える化」することで、優良な企業の社会的な認知や評価を高めていこうとする政策です。

各企業の具体的な取組みとしては、①経営トップが健康経営の理念を社内外に発信しながら、②健康づくりを推進する組織体制の整備や計画の策定を行い、③計画に基づいて具体的な施策（ヘルスリテラシー向上のための健康セミナーの開催、健康チェックのためのウェアラブル・デバイスの支給、健康診断等への費用補助、スポーツジム利用の費用補助など）を実施したうえで、④取組みの効果を検証し施策の改善を図ることなどが、サイクルとして行われています。

「ウェルビーイング経営」とは、「健康」をより広く捉え、病気でないという消極的な状態だけでなく、すべてが良好な状態にある（well-being）という積極的な満足感（幸福感や生きがい）の達成を目指す経営のことをいいます。具体的には、健康の増進に加えて、働く人の自律性・主体性を尊重しつつ、他者との関係性（個人の成長支援、孤立防止）にも配慮して、働く人の満足度や働きがい（エンゲージメント）を高めていくことを戦略的に実践していく経営のあり方です。

宇野「うちの会社でも三五歳以上になると人間ドックの費用の補助はあるみたいだけど、健康経営とかウェルビーイング経営に会社を挙げて取り組んでるっていうところまではいってないな」

真由「これって、日本的雇用システムへのアンチテーゼ（反対命題）みたいな意味もあるんですかね。過重労働で健康を損なう人が多かったとか、会社主導の人事で主体性がもてずに働きがいが低くなっていたという日本的雇用の過去を清算して、未来に向けて経営の方向性を転換するために、健康とか働きがいという目標を設定しているようにもみえます」

さくら「私たちが会社選びをするときには、健康経営銘柄とか優良法人認定とかを参考にすることもできそうですね」

悠太

「プラチナ企業と健康経営って覚えておかなきゃ」

「パーパス経営」とCSR、SDGs、ESG投資

最近の経営のトレンドとして、「パーパス経営」も挙げられます。「パーパス（purpose）」とは「目的」とか「意図」などを意味する英語で、「パーパス経営」では企業の「存在意義」を意味する言葉として用いられています。

「パーパス経営」とは、企業の存在意義を策定していかに社会に貢献するかを明確にし、それを基軸として企業経営を行うことをいいます。その鍵は、企業の経営方針と社会への貢献を結びつけるところにあります。

「パーパス経営」が注目されるようになった背景には、企業経営を取り巻く社会環境の変化があります。企業にとって重要な関係者である消費者、取引先、求職者、従業員、そして投資家たちは、単に企業がよい製品を作って利益を上げるだけでなく、環境や社会に対してもよい影響をもたらすビジネスを展開しているかを重視するようになっています。そのような市場のニーズに応《こた》えるために、企業としても社会のなかでの自社の位置づけ（存在意義）を明確にし、環境や社会に貢献する企業の姿を世に示すようになってきているの

です。代表的な例としては、世界的な食品メーカーであるネスレの「Good food, Good life（食の持つ力で生活を豊かにする）」、ユニクロなどの衣料品事業を展開するファーストリテイリングの「LifeWear / MADE FOR ALL（服を変え、常識を変え、世界を変えていく）」が挙げられます。

企業にとっては、自社の社会的な目標（パーパス）を掲げるだけでなく、それを社内の意識改革につなげていくことが大切になります。例えば、パーパスを一種の企業文化として掲げ、その目標達成に向けてチーム意識を醸成し、多様なバックグラウンドをもつ異質なタレントを「One Team」にまとめあげていくことです。このような取組みによって、①従業員のやる気（エンゲージメント）や生産性を高めることと、②消費者、取引先、株主を含めたステークホルダー[38]の支持を広げていくことが期待されています[39]。

この「パーパス経営」は、企業の環境や社会への貢献を重視するという点では、ⓐ企業が環境や社会に配慮した経営を行い、社会の持続可能な発展に貢献する責任を負うことを志向する「企業の社会的責任（Corporate Social Responsibility＝CSR）」、ⓑその背景にある二〇一五年九月に国連で採択された「持続可能な開発目標」（Sustainable Development Goals＝SDGs）、ⓒ企業の環境（Environment）、社会（Social）、企業統治（Governance）への取組みを考慮し、中長期的に持続可能性の高い企業に投資を行うESG投資とも相通じるところがあります。

宇野「たしかに、社会貢献が大切だということは、うちの会社でもいわれています。取引先ではCO_2の排出量を減らすカーボンニュートラルの取組みが喫緊の課題になってますし」

真由「目先の利益ばかりにとらわれないで、環境や社会にやさしい経営をするということが、各企業にとっても、企業に投資をする投資家にとっても、重要な視点となってるんですね」

悠太「『サステナブル』っていう言葉はよく聞くけど、企業の社会的責任とか経営目標とも結びついてるんですね」

「人的資本経営」とコーポレートガバナンス・コード、有価証券報告書

このような経営戦略と人材戦略とを連動させようとするトレンドとして、「人的資本経営」があります。「人的資本経営」とは、企業価値の持続的向上のためには企業がもつ「人材」の価値を高めることが必要であり、人材を企業の重要な「資本」とみてその潜在力を高めていくことを目指す経営のあり方です。

この「人的資本」に注目が集まるようになったきっかけは、二〇二〇年九月に経済産業

省が公表した『持続的な企業価値の向上と人的資本に関する研究会報告書』でした。この報告書は、研究会の座長であった伊《い》藤《とう》邦《くに》雄《お》氏（一橋大学特任教授）の名前をとって「人材版伊藤レポート」と呼ばれています。そこでは、①企業価値の持続的な向上のためには「パーパス」などの経営戦略を人材戦略に落とし込むことが重要であり、最高人事責任者（Chief Human Resource Officer＝CHRO）のイニシアチブで人材戦略を策定し、従業員や投資家に積極的に発信・対話をすること、②人材戦略においては、従業員の多様な知識や経験を取り込みつつ、学び直し（リスキリング）を通して個人の自律的な成長を促し、多様な個人が主体的・意欲的に取り組む基盤を作ること（社員エンゲージメント）などの重要性が指摘されています。

　この人的資本への注目は、コーポレートガバナンス・コードの改訂にもつながります。金融庁と東京証券取引所が上場企業の企業統治（Corporate Governance）の原則・指針として策定しているコーポレートガバナンス・コードが二〇二一年六月に改訂され、人的資本に関する情報開示義務が定められました。また、上場企業等に提出が義務づけられている有価証券報告書に、二〇二三年三月期決算以降、人的資本情報を記載することが義務づけられています。このように、人的資本に関する情報は、企業にとっても投資家等にとっても重要な情報として、社外への開示（「見える化」）が義務づけられるようになったのです。

さらに、二〇二二年五月には、経済産業省『人的資本経営の実現に向けた検討会報告書』（いわゆる「人材版伊藤レポート2・0」）が発表され、経営戦略と連動した人事戦略を実践するための具体的なポイントと工夫が、企業実例を交えながら明らかにされています。

グローバル化やデジタル化が進むこれからの時代にこそ、価値を創造する人間の存在が重要になり、この個人の価値創造を企業価値の持続的な向上につなげていく取組みが、「人的資本（Human Capital）」という名前の下で、進められているのです。

悠太「初めて聞く言葉が多くて少し難しかったけど、最近の企業経営の大きな流れがわかったような気がします」

宇野「うちの会社の有価証券報告書に、人的資本情報がどう記載されてるかって意識したことなかったなぁ。最高人事責任者（CHRO）っていうのも聞いたことがないし。先端企業で進んでいる経営改革をわが社にどう落とし込んでいけるかが、これからの課題かもしれません」

真由「今日の話を全体として振り返ってみると、日本的雇用システムの弊害の克服も、働き方の改革も、新しい時代の経営戦略も、根底ではつながっていて、同じ方向にむかって進んでいるんじゃないかと思いました」

さくら「会社選びのヒントも盛りだくさんですね。働く人の『健康』や『やる気』や『主体性』を生かしてくれる会社を選びたいし、それが外から『見える』ようになってきてるんですね」

伊達「おー、もうこんな時間だ。きょうは家で夜ごはんを作る当番になってるから、そろそろ買い物して帰らなきゃ。んー、カレーを作るか、ブイヤベースにするか、悩ましいところだけど、スーパーで食材をみてから決めることにするか」

さくら「また来週も、お話の続きをお願いしていいですか？」

伊達「もちろん。次回は、実際に働いてみて生じる具体的な問題についてみていくことにしようか」

悠太&さくら「ありがとうございます！」

第3章 実際に働き始めるとどうなる？

——働くことの【選択・展開】

真由

「アルバイトやインターンシップをするなかでも、いろんなことが起こってますが、そういう問題に対処するためにはどうしたらいいのか。これから就職先を選ぶにあたって、どういうことに気をつけたほうがいいのか。働く時間とか給料とか会社のルールはどうやって決まってるのか。会社から転勤を命じられたり、他の会社に転職をしようって思ったりしたときは、どうしたらいいのか。……そして、キャリアの終わり方ってどうなってるのか。……あらかじめその全体像を知っておけば、これからの人生のポイントごとにその選択肢が増えそうな気がします」

「はじめに」8ページ

八月に入ったばかりの週末。今回は飯田《いいだ》橋《ばし》。連日気温が三五度を超える記録的な猛暑のなかで、外堀沿いのカフェに集まった。期末試験を終えたばかりの真由は、猛暑のなかでもスッキリした表情をしている。真夏のお堀には鴨はいない。

伊達「前回までは、働く前提として、歴史の話とか、市場の変化の話をしてきたけど、今日はいよいよ、実際に働き始めたときに起こるさまざまな問題についてみていくことにしましょう」

宇野「実際に働いていて疑問に思ったり、我慢していたりすることもあるから、今日の話は自分のこれからのためにも役に立ちそうです」

さくら「私は、アルバイトを含めてまだ実際に働いたことがないから、将来のことを知るための勉強ですね」

悠太「自由研究のテーマをみつけるという任務もあるけど（汗）」

1 アルバイトをする

多くの人にとって、初めて外で働くのは学生アルバイトのときかもしれません。アルバイトには、気軽に働いてお小遣いを稼ぐというものから、しっかり働いて生活費に充てるものまで、いろいろなケースがあります。しかし、いずれの場合でも、働いてみると、予想していなかった仕事をやらされる、約束していない時間帯にシフトを入れられる、長時間の仕事を強いられる、ハラスメントを受ける、辞めようと思っても辞めさせてもらえないなど、さまざまなトラブルに遭うことがあります。こういうトラブルを避けるためには、働くときのルールである「労働法」をきちんと知っておくことが大切です。

アルバイトにも「労働法」は適用される

学生アルバイトであっても、会社から指揮命令を受けて働き、その対価として賃金が支払われるときには、法的には「労働者」にあたり「第4章」2項、「労働法」による保護を受けることができます。具体的には、憲法二八条による団結権・団体交渉権・団体行動権の保障、労働組合法による組合活動の保護、労働基準法や最低賃金法による労働条件の保障、男女雇用機会均等法による男女差別の禁止、労働安全衛生法や労災保険法による健康や安全の保障、パートタイム・有期雇用労働法や労働者派遣法による非正規労働者の保護、労働契約法による労働契約ルールの保障、個別労働紛争解決促進法や労働審判法による紛争解決のサポートなど、すべての労働法が学生アルバイトにも適用されます。

「労働法」の具体的な内容は、この後、順番に説明していきます［「第3章」］［「第4章」］が、ここでは、学生アルバイトが直面しやすい問題について、いくつかピックアップして要点を説明しておきましょう。

契約を締結するときの注意

アルバイトについても、労働契約または雇用契約[1]という契約を締結することによって、働く人（労働者）と雇う会社（使用者）との関係がスタートします。

この契約を締結するときに、使用者は、賃金・労働時間などの労働条件を労働者に明示しなければならないとされています。そのなかでも、契約期間（有期契約のときは更新基準・上限や無期転換機会などを含む）、就業場所・業務内容（変更の範囲を含む）、労働時間、賃金、退職（解雇事由を含む）といった重要事項については、書面の交付（または電子メールの送信等で本人が希望する方法）で明示することが、使用者に義務づけられています［本章5項］。

労働契約に記載されている労働条件の内容は、皆さんの権利や利益を守るために重要なものです。実際に働いてみた後で生じるトラブルを避けるためにも、契約の内容をきちんと説明してもらい、不明な点や疑問な点は納得できるまで話し合うようにしましょう。内容に納得ができたら契約を締結し、労働条件を記載した書面を交付してもらってください。そして、その書面を大切に保管し、実際に働き始めたときに、記載内容と実際の労働条件に違いがないか確認するようにしましょう。

実際に働いているときの注意

実際に働き始めると、学生アルバイトであっても、いろいろなトラブルに遭遇することがあります。ここでは、そのポイントだけみておきましょう。

①実際の労働条件が契約内容と違う

実際に働き始めてみると、契約内容と実際の仕事の内容が違ったり、支払われる賃金の額が違ったりすることがあります。そのような場合には、労働条件を契約内容の通りにすることを求めることができますし、契約をすぐに解除する（アルバイトを辞める）こともできます（本章5項）。最近は「闇バイト」など深刻な問題も生じています。アルバイトであっても、雇い主（契約の相手方）はきちんと実態が確認できる存在か、提示された契約内容に不審な点はないか、実際の仕事の内容は契約内容と異なるものではないかなどを注意深くチェックするようにしましょう。

②契約内容が変更される

働いているなかで、契約上予定していない日にシフトを入れられたり、賃金の額を減額されたりするなど、使用者が一方的に契約内容の変更を行おうとすることがあります。この場合、会社の規則（就業規則）が合理的に変更されるといった手続がとられていなければ、労働者の同意なく一方的に契約内容を変更することはできません「第4章」3項。契約内容の変更に不満がある場合には、安易に同意しないようにしましょう。

③過重な労働を強いられる

仮に契約や就業規則に長時間の労働時間が記載されていたとしても、週四〇時間、一日八時間を超える労働をさせる場合には、三六協定という協定が締結され、その規定の範囲内であることが必要です。また、時間外労働や深夜労働（夜一〇時から朝五時までの労働）には二五％以上の割増賃金の支払いが義務づけられています「第4章」8項。アルバイトであっても、これらのルールが守られているかチェックしましょう。

④賃金を払ってもらえない。ミスがあった等として賃金から控除される

賃金は、最低賃金法が定める最低賃金額以上でなければならないことはもちろん、直接、通貨で、全額、月に一回以上一定期日に支払うことが、使用者に義務づけられています。例えば、使用者が賃金を支払わない、賃金から損害額等を控除して支払うことは、賃金全額払原則違反として処罰の対象になります。使用者が賃金を全額支払ってくれない場合は、労働基準監督署に申告することができます「第4章」7項。

⑤年休を取らせてもらえない

労働基準法は、一定の条件を満たす労働者に年休（年次有給休暇）を取得する権利を保障しています。その条件は、六か月継続勤務し、所定労働日数の八割以上出勤したことです。アルバイトについても、六か月以上継続して勤務し、八割以上出勤していれば、その勤務日数に応じた年休を取得する権利が認められます。使用者のほうは、事業運営が困難になるという事情がなければ、労働者が年休を取りたいといった場合にそれを断ることはできません「第4章」9項。

⑥上司や同僚からハラスメントを受けている

使用者には、職場でセクハラ、パワハラなどのいじめ・嫌がらせが発生することを防止

する措置をとることが義務づけられています。ハラスメントだと思われる事態が生じた場合には、会社内外の窓口に相談しましょう「第4章」5項。

⑦仕事をしていてけがや病気になった。通勤途中に事故にあってけがをした

仕事によってけがをしたり病気になることは「業務災害」、通勤途中にけがをしたり病気になることは「通勤災害」として、労働者災害補償保険法によって保護されています。学生アルバイトでも同じです。仕事や通勤によってけがをしたり病気になったりしたときには、きちんと申告をして治療費や休んだ分の給料などの補償を受けるようにしましょう「第4章」10項。

辞めるとき・辞めさせられるときの注意

自分からアルバイトを辞めようと思うときには、労働者には「辞職の自由」があることを認識して行動してください。

特に、期間の定めのない労働契約の場合には、労働者は、二週間の予告期間を置けば、いつでも理由なく契約を解約できます。会社のルール（就業規則）や労働契約に、それより長い予告期間（一か月とか三か月など）が定められていても、二週間前に予告さえすれば、労働者は自由に辞職することができると考えられています。辞める決意が固いときには、

「二週間後に辞職します」という自分の意思を会社に明確に伝えましょう。

期間の定めのある労働契約の場合には、期間満了で辞めることはできますが、期間途中で辞めるときには、期間を残しながら辞める「やむを得ない事由」が必要だとされています。期間途中で辞めたい場合には、辞めざるを得ない理由があることを明確にしながら、会社に辞職の意思を伝えましょう 本章10項。

他方で、自分は辞めたくないのに、会社の方が辞めさせようとすることもあります。使用者側から労働契約を一方的に解約することを「解雇」といいます。解雇には、客観的合理性と社会的相当性のある理由が必要とされていますので、学生アルバイトであっても、重大な理由がなければ解雇することはできません。

期間の定めのある労働契約の期間満了による契約終了（「雇止め」と呼ばれています）は、原則として認められていますが、労働者の契約更新の期待が合理的であると認められる場合には、解雇と同様に客観的合理性と社会的相当性がなければ、契約を終了させること（雇止め）はできないとされています 本章11項。

アルバイトを辞めるとき、または辞めさせられようとするときには、以上の法的ルール（具体的には「第3章」「第4章」の説明参照）を踏まえながら、全国に設置されている「総合労働相談コーナー」や「労働条件相談ほっとライン」などの窓口に相談してみてください「第4章」16項。

悠太「アルバイトにも、きちんとした保護があるんですね。安心してバイトできそうです」

宇野「アルバイトにも年休があるとか、通勤中の事故に補償があるとか、知りませんでした。社会人としてちゃんと知っておくべきですね」

真由「大学生になると、アルバイトだけじゃなくて、インターンシップにも行きます。インターンシップの実態は会社によってさまざまで、トラブルが生じているという話も聞きます。インターンシップに行くときに注意しておくべき点は、どういう点ですか？」

2 インターンシップに行く

インターンシップとは、学生が在学中に自分の専攻や将来のキャリアにかかわる就業体験を行うことをいいます。特に法律上定義や規制があるわけではなく、学生と会社との（場合によっては大学も含めた）自主的な取決めによって行われています。

インターンシップの長短と「三省合意」

インターンシップの利点として、①参加する学生は自分の専攻や将来のキャリア形成に役立つ経験と理解を得ることができること、②会社としても学生とのマッチング（就職先選びや就職後の早期離職防止）のための情報と機会を提供することができることが挙げられます。他方で、インターンシップの弊害としては、①時期や内容によっては学生の学業が妨げられること、②インターンシップ（就業体験）という名の下で労働力の代替として「ただ働き」させられることがあります。また、③早期のインターンシップによって学生を囲い込み（いわゆる「青田買い」）、学生の自由な学業や就職先選びを実質的に制約してしまうという弊害も指摘されています。

政府は、インターンシップの弊害を防止し、その利点をいかす形でインターンシップが行われるように、文部科学省・厚生労働省・経済産業省の合意により、「インターンシップを始めとする学生のキャリア形成支援に係る取組の推進に当たっての基本的考え方」（いわゆる「三省合意」(2)）を策定しています。

インターンシップと「労働者」性

インターンシップ（就業体験）をしている学生が「労働者」にあたれば、アルバイトの場合〈本章1項〉と同じように、労働基準法、労働組合法、労働契約法などの「労働法」が適用されることになります。

「労働者」（そのなかでも代表的な労働基準法上の労働者）とは、会社から指揮命令を受けて働き、その対価として賃金を支払われる者をいいます〈「第4章」2項〉。インターンシップは無給で行われることが多く、その場合「賃金」の支払いがないため、「労働者」にはあたらないことになります。「賃金」とは、働くことの対価として支払われる報酬のことをいい、交通費や必要経費などの実費はそこに含まれないため、実費だけしか支払われていない場合も、労働者にはあたりません。

このように、無給でインターンシップが行われる場合には、基本的には労働法の適用はありません（後述の安全配慮義務などは除く）。そこでこの場合、就業体験の目的に沿わない作業をさせられていないか、実質的な労働力として「ただ働き」を強制されていないか、不当な差別を受けていないか、人格権やプライバシーが損なわれていないかなどの点を、自分でチェックすることが大切です。もし、不審な点や不満な点があったら、途中でも自由に辞めることができること（準委任契約の解約の自由〈民法六五一条・六五六条参照〉）を念頭に置いて行動しましょう。

「労働者」にあたる場合には

他方で、インターンシップのなかには、賃金（実費を超える報酬）を支払って行われる場合（有償インターンシップ）もなくはありません。この場合、会社から業務に関する指揮命令を受けて働いているという実態があれば、「指揮命令」と「賃金」の両方がそろって、「労働者」に該当することになります。

このように、インターンシップでも「労働者」にあたる場合には、アルバイトと同じように、労働法の保護を受けることができます。例えば、会社（使用者）には、労働条件を書面等で明示すること、最低賃金額以上の賃金を支払うこと、時間外・休日・深夜労働には割増賃金を支払うことなどが義務づけられます本章1項。労働者に該当し労働法に違反している可能性があると思われる場合には、専門の窓口等に相談しましょう。

健康や就業環境を守る

インターンシップを行っている会社は、就業体験をしている学生の生命・身体の安全を確保する安全配慮義務や、ハラスメントを防止し学生の人格的利益を守る職場環境配慮義務を負っていると考えられています。これは、学生が「労働者」にあたるか否かを問わず、無給のインターンシップの場合にも適用される、使用者の広い意味での配慮義務です。

したがって、インターンシップが有給の場合でも無給の場合でも、現場で事故が発生してけがをしてしまったり、ハラスメントによって人格が傷つけられたりした場合には、会社の責任を問うことができます。インターンシップに参加する前に、会社側が事故等に備えた損害補償保険に加入しているかどうかを確認することも、自分の身を守るための有効な方法といえるでしょう。

宇野「僕はインターンシップには行ったことがなくて、就活はぶっつけ本番だったけど、うまく内定がもらえたからラッキーでした」

真由「私は大学二年生のときにインターンシップに行って、今年も夏休みの間に行く予定です。無給のインターンシップには労働法は適用されないから、自分で注意して身を守ることが大切だってことがよくわかりました」

さくら「働く人を大切にしている会社は、インターンシップでも学生を大切にしてくれそうだし、逆に、インターンシップで学生を大切にしない会社は、入社しても大変そうですよね。私はいろんな仕事やいろんな会社の実態を知るために、大学生になったらたくさんインターンシップに行ってみようと思います」

悠太「勉強に差支えのない程度にね」

3 就職活動をする・会社を選ぶ

大学生と会社の間の就職活動について、これを直接規制している法律があるわけではありません。[3] しかし、あまりに早い段階から就職活動を始めたり、早々に内定を出して学生を囲い込むことになると、学業を妨げたり、大学での学修状況を踏まえた就職活動を阻害することになりかねません。そこで、経済団体や大学、政府等の間で就職活動に関するルール作りが行われてきました。

就活ルールの変遷：就職協定→倫理憲章→採用選考指針→政府の要請

一九五三年には、大学、経営者団体（日本経営者団体連盟＝日経連）、関係省庁等との間で「就職協定」が締結されました（一九九六年に廃止）。その後、経営者団体（日本経済団体連合会＝経団連）による「新規学卒者の採用選考に関する企業の倫理憲章」（一九九八年卒〜二〇一五年卒）、「採用選考に関する指針」（二〇一六年卒〜二〇二〇年卒）の策定を経て、二〇二一年卒からは、政府が「就職・採用活動日程に関する考え方」を取りまとめ、経済団体等にその遵守を要請する形がとられています。

現在、政府が定めている日程は、①企業による広報活動の開始は卒業・修了年度に入る直前の三月一日以降、②採用選考活動の開始は卒業・修了年度の六月一日以降、③正式な内定日は卒業・修了年度の一〇月一日以降というものです。法的に強制力のあるものではありませんが、大学生の場合、大学二年次や三年次の休業期間中にインターンシップを経験し、①大学三年次の三月から会社説明会が開始され、②大学四年次の六月に面接や選考が解禁されて、③一〇月一日に内定式を迎えることになります。このプロセスのなかで、一般的には、エントリーシートの提出、書類選考、適性検査、面接（一回ないし数回）、内々定という段階を踏んで、内定式に至ります。

就職先の探し方——ウェブサイトからキャリアセンター、縁故採用など

就職先の探し方も、基本的には自由です。大学生が就職先を探す方法としては、①職業紹介サイト（マイナビ新卒紹介など）に登録して就職先の紹介を受ける、②就職情報サイト（リクナビなど）で就職先を探す、③大学のキャリアセンターで求人情報をみて就職先を探す、④ハローワークで求人情報をみて就職先を探す、⑤企業（合同）説明会に参加して自分の希望に合った就職先を探す、⑥自分で企業のホームページ上の募集要項を探してエントリーする、⑦研究室や家族などの推薦・紹介で就職先を決める、といった方法があります。

民間企業への採用については、公務員のように公正な競争試験による採用が義務づけられているわけではないため、いわゆる縁故採用（⑦）も禁止されていません。また、これらの方法のいずれか一つを選ばなければならないわけでもないため、これらの方法を併用して、複数のルートで就職先を探すこともできます。

いずれの方法によるにせよ、最終的には、学生（求職者）と会社（求人者）との合意により採用が決定されることになります（契約締結の自由）。

就職先の選び方——企業情報の収集と認定マーク

就職先を選ぶにあたって重要になるのが、それぞれの企業の情報です。企業ごとに従業員の働き方（働かせ方）には特徴があるため、入社後に入社前の想像とは違ったという事態（ミスマッチ）が生じないようにするためにも、企業情報をうまく収集することが大切です。

企業情報の収集の仕方としては、①インターンシップや企業（合同）説明会に参加して直接体験したり質問したりする、②就職を希望している企業のOB・OG訪問をして話を聞く、③大学のキャリアセンターやハローワークなどでキャリアアドバイザーに相談する、④企業情報データベース（民間の新聞社・出版社が提供するもの、厚生労働省の「女性の活躍推進企業データベース」など）や各企業のホームページで情報を集めて比較する、といった方法があります。企業情報を収集し比較する際には、各企業の経営理念やパーパス〈「第2章」12項〉、労働時間の長さや休暇の取得状況、人材育成の方法、従業員の離職率・定着率、年齢構成や男女比率などに着目すると、それぞれの企業の状況がイメージしやすくなるでしょう。(4)

また、企業の優良さを示す指標として、政府や民間団体が出している認定マークがあります。例えば、厚生労働省による「トライくるみん・くるみん・プラチナくるみん」（次世代育成支援企業）、「えるぼし・プラチナえるぼし」（女性活躍推進企業）、「ユースエール」（若者採用・育成中小企業）、「ホワイトマーク」（安全衛生優良企業）、経済産業省による「なでしこ銘柄」（女性活躍推進上場企業）、「健康経営銘柄」（健康経営優良上場企業）、「DX銘柄」（デジタル技術活用推進上場企業）、日本次世代企業普及機構（ホワイト財団）による「ホワイト企業」（企業のホワイト化の総合評価）、全国社会保険労務士会連合会による「社労士診断認証」（職場環境改善宣言・経営労務診断実施・経営労務診断適合）などです。大企業から中小企業まで含めて、これらの認定マークをどれくらい取得しているかを確認することで、その企業の働きやすさや成長可能性を知ることができるでしょう。

宇野　「うちの会社は『くるみん』はもらってて、名刺に『くるみんマーク』を付けて広報してますが、その他のマークはたぶんもらってないので、ホワイトとはいえないかもしれないですね。ＯＢ訪問されたときには、働きやすさよりも働きがいを強調してます」

真由

「企業説明会やＯＢ・ＯＧ訪問では、その会社のいいところが強調されて、悪いところは見えないようにされるかもしれないので、客観的な企業データとか認定マークの取得状況とかをきちんと確認したほうがよさそうですね」

悠太

「会社を選ぶときに、労働時間の長さって大切だと思うけど、すべての会社が公表しているわけじゃないですよね」

さくら

「そういう数字を公表している会社は優良だったり正直な会社で、公表していない会社には何か公表できない理由があるのかもしれないですね。会社選びをするときは、インターンシップだけじゃなくて、企業情報の収集も大切にしたいと思います」

4 契約を結ぶ――採用の自由と内々定・内定・試用期間など

働く人（労働者）と会社（使用者）との法的な関係は、労働契約を締結することから始まります。労働契約締結の典型的なプロセスは、①会社による募集（募集要項の公表）→②学生の応募（エントリー）→③会社による選考（書類選考・適性検査・面接など）→④採用予定者への通知（内々定）→⑤内定式（一〇月一日）→⑥入社前研修→⑦入社式（四月一日）→⑧試用期間（三か月または六か月）→⑨本採用（七月一日または一〇月一日）という形をとります。

この労働契約の締結過程で生じる問題として、採用の自由をめぐる問題（採用差別など）と契約締結過程をめぐる問題（内定取消、本採用拒否など）があります。

採用の自由と採用差別の禁止

労働契約を締結するにあたっては、学生（求職者）に会社を選ぶ自由があることと同時に、会社（求人者）にもだれをどのような方法・基準で何人採用するのかを決定する自由（いわゆる「採用の自由」）があります。日本では、この会社側の「採用の自由」が欧米諸国より広く認められてきました。

アメリカやEU諸国においては、採用段階も含めて広く雇用差別が禁止されていますが、日本の最高裁判所は、思想・信条を理由とした採用差別もただちに違法となるものではない（三菱樹脂事件・最高裁一九七三年一二月一二日判決）、労働組合への差別を禁止する法律規定（労働組合法七条一号）も原則として採用には適用されない（JR北海道等事件・最高裁二〇〇三年一二月二二日判決）として、会社の採用の自由を広く認めてきたのです。その理由として、最高裁は、終身雇用制をとっている日本企業では継続的な人間関係としての相互信頼が要請されるため、応募者の性向・思想等を調査して選別することも合理性を欠くものとはいえないとしています（前掲三菱樹脂事件判決）。

しかし、この五〇年以上前の判断は、終身雇用慣行が変容し、個人の人権や多様性が重視されている今日でも合理的なものといえるのでしょうか。また、そもそも性向や思想が異なると人間的な信頼関係が築けないという考え方自体に問題はないのでしょうか。

今日では、厚生労働省が「労働者の個人情報保護に関する行動指針」を定め（二〇〇〇年一二月二〇日）、会社は原則として、①人種、民族、社会的身分、出生地など社会的差別にかかわる事項、②思想、信条、信仰、③労働組合活動にかかわる事項、④医療上の個人情報を収集してはならないとしています。

また、法律で、①性別を理由とする募集・採用差別（男女雇用機会均等法五条）、募集・

採用にあたって身長・体重・体力要件や転居を伴う転勤要件をつけること（男女間の間接差別として原則禁止（同法七条））、②募集・採用に年齢制限をつけること（原則禁止（労働施策総合推進法九条））、③障害を理由とする募集・採用差別（障害者雇用促進法三四条[5]）が禁止されるに至っています「第4章」4項。

企業の意識や実態も、法律による規制も、五〇年以上前の状況とは変わってきています。

宇野「たしかに、プライバシーとか個人情報にかかわることを詮索《せんさく》してはいけないという意識が社内にはあります。実際に会社のなかには、右から左までさまざまな考え方の人がいますが、チームで一つの目標に向けて仕事をしているなかで、そういう思想や信条がチームプレーの妨げになると感じたことは、僕はないですね」

真由「多様な価値観とか多様なタレントが新たな価値を創造していくといわれているなかで、裁判所より企業の方が先に変化に対応しているのかもしれませんね」

伊達「企業といってもさまざまなので、変化を先取りしているところもあれば、『昭和』的な共同体意識が残っているところもあるんじゃないかな」

悠太「高校のクラスメートにもいろんな国籍や宗教の人たちがいるけど、そういう多様性を尊重したり自然に受け容《い》れるという意識を、多くの人はもってると思います」

さくら「でも、ヨーロッパでは極右勢力が台頭しているという話も聞くし、多様性とコミュニティ作りって、そう簡単な話じゃないかもしれないですね」

伊達「この点は大きな宿題として、話を次に進めましょう」

労働契約の契約締結過程

労働契約を締結する過程では、どの時点で労働契約が成立するのかが重要になります。労働契約が成立すれば、その後の使用者による一方的な解約は「解雇」になって、解雇権濫用法理 本章11項 という厳しいルールが適用されることになるからです。

これは、学生（求職者）と会社（求人者）との間で、どの時点で「入社する」「採用する」という合意が成立するかという個別の契約の解釈の問題になります。判例のなかには、使用者からの採用内定通知の時点で労働契約が成立し、その後の内定取消は解雇にあたるため客観的に合理的で社会通念上相当といえる理由が必要であるとしたものがあります（大日本印刷事件・最高裁一九七九年七月二〇日判決）。内定取消が認められる理由としては、成績不良による卒業延期、健康状態の著しい悪化、重大な事項の虚偽申告の判明などが挙げられます。

採用内定より前の時点で会社から通知される採用内々定についても、この時点で契約が成立するか否かは個別の契約の解釈の問題になります。裁判例のなかには、正式な内定式の前の内々定の時点では労働契約が成立したとまではいえないが、会社が極めて簡単な通知で突然内々定を取り消し、その後も誠実な態度で説明や対応をしなかったことに対し、内々定者の期待利益を侵害したとして五五万円の損害賠償を命じたものがあります（コーセーアールイー（第二）事件・福岡高裁二〇一一年三月一〇日判決）。最近では、内々定時に会社が学生に「内定承諾書」「入社誓約書」の提出を求めることがありますが、このような書面のやり取りは内々定の時点で労働契約が成立したことを示す事実となる可能性があります。

また、入社の際に適格性を観察する期間として試用期間（一般的には入社後三か月または六か月）が設けられることがあります。この試用期間については、既に労働契約は成立しており、試用期間時になされる本採用拒否は解雇であって、客観的合理性・社会的相当性がある場合にのみ許されるとした判例があります（前掲三菱樹脂事件判決）。労働契約成立後になされる内定取消や本採用拒否など（＝解雇）に客観的合理性・社会的相当性がない場合には、解雇は無効（労働契約は存続する）とされ、賃金の支払いなどを求めることができることになります。

悠太「採用内定でも試用期間でも、労働契約が成立していれば、簡単には辞めさせられないという労働法のルールがはたらくんですね」

真由「労働契約が成立した後に、学生から辞めるということはできるんですか。学生側が誓約書を出した後に内定を辞退するとか」

伊達「労働契約が成立していても、働く人には辞職の自由があります。アルバイトのところでお話ししたように本章1項、二週間前に予告すれば労働契約を自由に解約することができるので、『二週間後をもって解約します』という意思を伝えれば、内定を辞退できます」

さくら「学生であっても、働く人の立場は守られてるんですね」

5

労働条件を知る
——労働条件の明示とそれが書かれている場所

真由「いよいよ、契約を締結して働き始めることになりますが、賃金とか労働時間とか仕事の内容や場所とかは、どうやって決まってるんでしょうか？」

宇野「正直な話、自分の労働条件がどこでどうやって決まってるのか、あまり意識しないで働いてきました。会社の人事部が決めたことに従うとか、労働組合の先輩たちががんばって会社と交渉してくれているというのが、率直な認識ですね」

労働条件の明示

会社（使用者）は、労働契約の締結に際し、賃金・労働時間などの労働条件を労働者に明示しなければならないとされています（労働基準法一五条一項）。そのなかでも、契約期間（有期契約のときは更新基準・上限や無期転換機会などを含む）、就業場所・業務内容（変更の範囲を含む）、労働時間、賃金、退職（解雇事由を含む）に関する事項については、書面の交付（または電子メールの送信等で本人が希望する方法）によって明示することが義務づけられています（労働基準法施行規則五条三項・五項）。

明示の時期である「労働契約の締結に際し」とは、本来は、労働契約が成立する時期（前述した判例〔大日本印刷事件〕では採用内定時〈本章4項〉）を指します。しかし実際には、入社の際（新卒採用では四月）に、当初の就業場所・業務内容等を記載した労働条件通知書の交付とあわせて、後で述べる会社の就業規則を提示することで、労働条件の明示が行われることも少なくありません。

その前の求人段階（求人情報や募集要項など）では好条件を提示していたのに、実際に働いてみると低い条件で働かされる「求人詐欺」の問題もあります。そこで、職業安定法は、職業紹介や募集時に明示された労働条件を労働契約締結前に変更する（内容の特定や追加を含む）場合には、労働契約締結前に求職者（学生など）に書面の交付等によって変更事項を明示することを会社（求人者・募集者など）に義務づけています（五条の三第三項・四項）。

このような形で明示された労働条件と実際に働き始めたときの労働条件が食い違う場合には、労働者は労働契約をすぐに解除することができ（労働基準法一五条一項）、契約解除した労働者が一四日以内に帰郷する場合には会社は必要な旅費を負担しなければならないとされています（同条三項）。

労働条件はどうやって決まり、どこに書かれているのか？

もっとも、労働条件は、会社から提示されただけで決定されるわけではありません。会社が提示した労働条件について、就職する人（学生などの求職者）が同意すること（明示の同意と黙示の同意があります）によって契約の内容となるのです。

どの時点で労働条件が契約の内容になるのかは、事案によります。例えば、求人票に記載されていた労働条件について特に説明や異論なく採用内定となった場合には、採用内定の時点で求人票記載の内容が労働契約の内容となるとした裁判例[6]があります。他方で、入社の時点で労働条件通知書と就業規則を提示して労働条件の明示がなされ、求職者が特に異論を挟むことなく就労を始めた場合には、これらの内容を労働者が包括的に受け容れた時点で労働契約の内容となったと考えられます。特に日本の新卒採用の正社員については、個別に交渉をして労働条件が決定されるのではなく、就業規則の内容を包括的に受け容れて労働条件が決定されることが多いという特徴があります[7]。

このようにして決定された労働条件は、多くの場合、会社が定める就業規則に記載されています。就業規則とは、労働条件や職場規律について会社が定めた規則の総称であり、労働者に周知され、内容が合理的であれば、労働契約の内容になるとされています（労働契約法七条）。この就業規則には、ほとんどすべての労働条件（職場の集団的ルール）が記載されています「第4章」1項。そのなかで、労働者の個別の労働条件は、就業規則に定められた集団的なルールを会社の人事権に基づいて個別に適用することによって決定されています。例えば、就業規則に「○級△号俸は□□□円」等とする賃金表が定められ、個々の労働者の格付け（○級△号俸）が会社の人事権によって決定されることにより、Aさんの基本給は□□□円とされることになります。

これに対し、個々の労働者との間で、雇用契約書などの個別の契約書が交わされることもあります。特に、短時間社員や契約社員などの非正規労働者については、賃金や労働時間などが個別に設定されることも多いため、雇用契約書が個別に締結されていることが少なくありません。就業規則と個別の雇用契約書の双方があり、記載事項が重複している場合には、労働者にとってより有利なほうが適用されることになります（労働契約法七条ただし書・一二条参照）。例えば、就業規則には包括的な配転規定が定められ、個別の契約書には勤務地限定の定めがある場合には、労働者にとってより有利な（限定を超えた勤務地への配転を命令することができない）後者が適用されます。

自分の身を守り成長していくためには、労働条件通知書、就業規則、そして雇用契約書の有無と内容をきちんと把握して、自分の労働条件を知ることが大切です。

宇野

「就活中に労働条件を個別交渉することはなかったですし、労働条件通知書や雇用契約書があったかどうかも覚えてません。就業規則は会社からきたメールのＵＲＬをクリックすればみることができることは知っていますが、実際にクリックしたことはないですね。これからはちゃんとクリックして中身をみるようにします」

真由
「日本では、労働条件を決めるときに、包括的な就業規則と会社の人事権が大きな役割を果たしてるんですね。これって、日本的雇用システムの企業共同体的な性格と関係してそうですね」

悠太
「自分たちが就職して働く時代には、正社員でも個別の契約書が大切ってなっていくんでしょうか」

さくら
「日本的雇用システムと一緒に、正社員っていう類型自体がなくなっていくのかもしれないですね」

6 キャリアを展開する――教育訓練、昇進・昇格・降格

入社すると、新人研修から始まって、具体的な配置が決まり、いよいよ社会人としてのキャリアがスタートします。

日本企業は従業員のキャリアの展開について広範な決定権限である人事権をもち、これを柔軟に運用することで企業組織の柔軟性や効率性を確保してきたといわれています。具体的には、①従業員の能力向上のための教育訓練、②タテの異動としての昇進・昇格・降格、③ヨコの異動としての配転・出向・転籍、④企業組織の変更に伴う異動としての合併・事業譲渡・会社分割などを組み合わせながら、従業員のキャリアが展開されてきました。

ここではまず、①その基盤にある教育訓練と②タテの異動（昇進・昇格・降格）について、最近の動きも含めてみていきましょう。

教育訓練――人事権とキャリアオーナーシップ

企業は、従業員を育成してその活用を図り、また、技術や環境の変化に適応して生産性を向上させるために、従業員にさまざまな形で教育訓練を行っています。例えば、①社内

外での研修を受けさせる、②若手従業員にメンター（仕事やキャリアについて助言・指導をする先輩など）をつけて相談を受ける、③職場で仕事をしながら上司等が仕事の仕方を教える、④さまざまな仕事に配置して経験や能力の幅を広げる、⑤技能検定を受けたり資格を取得することを促す、⑥外部の講座や学校等を利用して自己啓発する機会（教育訓練休暇・短時間勤務など）を与える、⑦キャリアコンサルティング（職業選択・キャリア設計・能力開発に関する相談に応じ助言・指導を行うこと）を受ける機会を与える、⑧社内外の副業制度により新たなキャリアに挑戦する機会を与える、などの方法です。

日本企業では、従来、職場での実務訓練（OJT＝③や④など）を中心に、幅広い技能や熟練の形成を図ってきました「第2章」2項。また、これらの教育訓練・人材育成は、企業がもつ広範な人事権を行使する形で実施・展開されてきました。

しかし、一九九〇年代以降、日本企業が教育訓練にかける費用（人的投資）は減少し、労働生産性の相対的な低下が顕著になってきました。さらに、企業主導の不透明な人事は、従業員の主体性とやる気を低下させ、付加価値を創出する専門性の高い人材の育成を困難としているとの指摘もあります。そこで近年では、従業員の主体的なキャリア形成（キャリアオーナーシップ）を支援するという取組みが先端的な企業のなかで広がりつつあります。企業が従業員自身にそれぞれのキャリア設計を促し、学びと成長の機会（②、⑤、⑥、⑦、⑧など）を積極的に提供することによって、従業員が主体的に自らの専門的な能力・

価値を高めていくことを促す取組みです「第2章」6項・9項。

法律は、会社（事業主）に、労働者の自発的な職業能力開発・向上の促進に努めることを義務づけています（職業能力開発促進法四条一項など）。しかし、これはいわゆる「努力義務」であって、この規定からただちに従業員が会社に自発的な教育訓練の機会を与えるよう求める権利が発生するわけではありません。現行法では、人事権に基づく企業主導の教育訓練を行うか、従業員に主体的なキャリア形成の機会を与えるかは、それぞれの企業が選択し実践する（就業規則等に定めて実施する）ものといえます。

さくら「会社に入った後も、自分でキャリアを設計できて、学びと成長の機会を得られるって魅力的ですね」

真由「就職先を選ぶときに、この点でも企業情報を収集して比較すること本章3項が重要になりますね」

タテの異動――昇進・昇格・降格と職務給（ジョブ型人事）制度

タテの異動とは、いわゆる出世をして賃金が上がるかどうかです。上にあがる異動として昇進・昇格、下にさがる異動として降格があります。

日本企業の人事制度では、部長・課長・係長といった役職と、○級△号俸といった職能資格という二つのランク付けが行われてきました〈「第2章」3項〉。前者は企業の組織のなかでの位置づけ、後者は基本給の額と結びついたもので、両者は大枠では連動したものとなっています（例えば、係長は二級、課長は三級など）。これらのランク付け（役職と職能資格）は、上司等が従業員を観察して行う人事考課（査定）を基本的な資料として決定されています。人事考課は、会社の経営判断と結びつき、評価項目は能力・情意・業績など抽象的なものも多いため、会社は人事考課について、原則として広い裁量権をもつと考えられてきました。

このような人事制度のなかで、一般に昇進とは役職の上昇（例えば係長から課長へ昇進）、昇格とは職能資格の上昇（三級一〇号俸から三級一四号俸への昇格）を指し、降格とは役職または職能資格の低下（昇進や昇格の反対の動き）を指すものとされています。この昇進・昇格および降格の判断は、会社に広い裁量権が認められる人事考課を基礎として行われるため、差別〈「第4章」4項〉や権利濫用〈本章7項〉などにあたらない限り、会社は、原則として裁量によってこれらを決定できると解釈されてきました。ただし、降格のうち職能資格を低下させるものは基本給の引下げを伴う契約上の地位の変更にあたるため、契約上の根拠（労働者の同意や就業規則の合理的規定など）が必要だと解されています。

これに対し、近年、職務給制度を導入する動きがあります。職務給とは、勤続年数の長短にかかわらず、従事している職務の価値によって基本給を決める賃金制度です。この制度では、通常、①それぞれの従業員が従事する職務（job）の内容を具体的に定めた職務記述書（job description）を作成し、②そこに記載された職務の客観的な価値を測定して基本給の額が決定されます「第2章」7項。職務給制度では、職務記述書の内容の改定や担当する職務の変更（異動）により、従事する職務の価値が変わり、基本給が上がったり（昇給）、下がったり（降給）することになります。この職務給の変動（昇給・降給）は、一般に、会社と従業員の間の個別の協議と合意に基づいて行われますが、合意が得られない場合には就業規則の合理的規定（例えば会社が当該従業員の従事する職務の内容、業績、評価等を勘案して決定する旨の定め）等に基づいて職務給の額が決定されることになるでしょう。

宇野「そっか。職能資格に基づく職能給だと定期昇給や人事権の行使によって毎年昇給するけど、職務給になると自分の職務の価値が上がらなければ、毎年当然昇給するということにはならないということか」

真由「だから、リスキリングして技能を高めていくことが大切になっていくんですね」

悠太「社会人になってもずっと勉強を続けなきゃいけないんですね（汗）」

7 異動する――配転・出向・転籍と企業組織の変動

日本企業は、昇進・昇格などのタテの異動と並行して、ヨコの異動である配転・出向・転籍を行ってきました。多くの企業では、一年に二回（三月末と九月末に）定期人事異動があり、従業員ごとにみると二年から三年に一度のペースで別の部署に異動するのが一般的でした。また、合併・会社分割・事業譲渡といった企業組織そのものの変動によって、別会社にまとまって異動することもあります。日本企業は、これらの異動を広範かつ柔軟に行うことによって、①従業員に幅広い技能や熟練を身につけさせるとともに、②外部環境の変化のなかで雇用を維持することを可能としてきたといわれています。

配転・出向・転籍をめぐるルール

配転とは、職務内容や勤務場所の変更のことをいいます。配転については、就業規則に「業務上の都合により配転を命じることができる」といった規定が置かれていることが一般的です。このような包括的な規定も、日本企業における配転の重要性（上述の①・②）を考慮して、一般に合理的なものと考えられてきました。もっとも、職種や勤務地を限定する個別の合意（黙示の合意も含む）がある場合には、配転命令権もその範囲内に限定されます。例えば、医師・看護師・大学教員など特殊な資格や技能をもつ労働者については、明示の合意がない場合でも、職種限定の黙示の合意があると認定されることがあります。

配転命令権に契約上の根拠（就業規則の合理的規定や明示・黙示の合意など）がある場合でも、その権利の行使は濫用にあたってはならないという制約がかかります。例えば、①配転させる業務上の必要性がない、②嫌がらせや退職勧奨など不当な目的で配転が行われた、③病気の家族を介護できなくなるなど労働者に著しい不利益を課す、といった事情がある場合に、配転命令は権利の濫用として無効となると解されています（東亜ペイント事件・最高裁一九八六年七月一四日判決）。最近では、専門性の高い労働者をそのキャリアをいかせない職務に配転することも、労働者に著しい不利益を課すもの（③）として権利の濫用となるとする裁判例が増えています。

配転が一つの企業内での異動であるのに対し、一企業の枠を超えた異動として出向・転籍があります。出向とは、出向元企業に従業員としての地位（籍）を残しながら、出向先企業で働くことをいいます（在籍出向とも呼ばれています）。転籍とは、移籍元企業との労働契約関係を終了させ、移籍先企業と新たな労働契約関係に入ることをいいます（移籍出向とも呼ばれています）。問題は、労働者の個別の同意なしに他企業への異動である出向・転籍を命令することができるかです。

判例は、出向について、就業規則と労働協約に出向命令権を根拠づける規定があり、出向期間、出向中の地位、出向先での労働条件など出向労働者の利益に配慮した出向規定が設けられていたケースで、使用者は労働者の個別の同意なしに出向を命じることができるとしました（新日本製鐵〔日鐵運輸第2〕事件・最高裁二〇〇三年四月一八日判決）。出向に伴う不利益への配慮が十分になされている場合には、出向と配転を実質的に同じものとみることができると考えられたのではないかと思われます。この場合でも、出向命令権の行使が権利の濫用になってはならない点は、配転の場合と同じです（労働契約法一四条参照）。

これに対し、転籍については、前の労働契約が解約され新たな労働契約が締結されるものである以上、労働者本人の個別の同意が必要であり、会社（転籍元）は一方的に転籍を命じることはできないと解されています。

真由「配転と出向は、遠くへ引っ越す場合も含めて、個人の同意なしに命じられることがあるけど、家族の介護をしている場合とか、専門的なキャリアをいかせなくなる場合には、拒否できることもあるんですね」

宇野「実際には、配転や出向の辞令が出た場合に拒否する人はあまりいないと思いますが、最近は、遠くへの転勤が嫌で会社を自分から辞めて転職する人が出てきてますね。会社としては、本人が希望しない転勤をいかに少なくしていくかが、人材確保戦略として重要になっていると思います」

ポスティング制度

少子高齢化に伴う人手不足のなかで、人材の確保・育成戦略の一つとして浮上しているのが、ポスティング制度です。会社主導の定期的な人事異動（配転・出向）制度では、①従業員が希望に反する転勤を強いられることが少なくなく、②従業員のやる気や主体性を損なって企業の生産性や価値創造も停滞させてしまうという認識が高まりつつあります。そこで近年、会社主導の人事異動制度から、従業員の意思を重視したポスティング制度へ移行する動きが、日本企業のなかでも高まっています「第2章」7項。

ポスティング制度とは、一般に、会社が募集するポストを公表し、そのポストに応募した従業員等のなかから選考して配置を決定する制度をいいます。社内公募制や社内フリーエージェントと呼ばれることもあります。近年では、会社の命令（辞令）による配転・出向の数を減らし、従業員の意思・希望を重視したポスティング制度による異動の数を増やそうとする会社が増えています。その狙いは、①従業員の意に沿わない異動を減らして人材の流出を防ぐとともに、②従業員の主体的なキャリア形成「第2章」6項本章6項を支

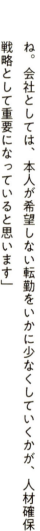

援して個人と企業の価値創造を促すことにあります。少子化（人手不足）とデジタル化（技術革新）のなかで要請されている人事制度改革の一つです。

さくら「配転・出向は、教育訓練とかキャリア形成と密接につながってるんですね」

悠太「社会人になってからもずっと勉強するのは大変かもしれないけど、やっぱり自分の仕事や働く場所は自分で選べたほうが幸せかもしれないですね」

真由「それが、働く人のやる気、エンゲージメントにつながっていくんですね」

企業組織の変動――合併・会社分割・事業譲渡

従業員の異動は、企業組織の変動によっても起こりえます。近年では、企業間競争や事業の盛衰が激しくなるなかで、企業が不採算部門を他社に売却したり、逆に採算のとれる部門を他社に売却して利益を得るなど、企業組織を売り買いすることも増えています。その際に、その部門で働いていた人たちも移転先に異動することになるかどうかが法的に問題になります。企業組織の変動の形態としては、合併、会社分割、事業譲渡の三つがあります。

合併（二つ以上の会社の統合）の場合には、合併後の会社に、労働契約上の権利義務を含むすべての権利義務が全面的に引き継がれ、労働者も異動します。

会社分割（会社法に基づく事業の全部または一部の承継）の場合には、法律（会社法七五七条以下など）に基づいて、権利義務の帰趨《きすう》が決まります。会社分割の際に作成される分割計画書または分割契約書に記載された権利義務は、分割先の会社に引き継がれるのが原則です。ただし、承継される事業に主として従事する労働者が分割計画書・契約書に記載されていなかった（承継の対象とされていなかった）場合、異議を申し出ることにより分割先への承継を主張することができ（労働契約承継法四条）、逆に、承継される事業に主として従事してはいなかった労働者が分割計画書・契約書に記載されていた（承継の対象とされていた）場合、異議を申し出ることにより分割先への承継を拒否することができます（同法五条）。

これに対し、事業譲渡（譲渡契約に基づく事業の全部または一部の承継）の場合には、譲渡元企業と譲渡先企業の個別の合意に基づいて、どの権利義務が承継されるかが決まります。企業間の合意・決定に委《ゆだ》ねられている分、労働者の地位は不安定になりかねません。労働者との関係では、大きく、①移転したくない労働者が移転対象とされるリスク（承継の不利益）、②移転したい労働者が移転対象とされないリスク（不承継の不利益）が問題となります。①移転したくない労働者については、一般に、労働契約上の権利の譲渡には労働者の承諾が必要とされている（民法六二五条一項）ため、労働者は移転（譲渡）を拒否して元の企業に残ることができます（承継の不利益は生じません）。これに対し、②移転したい労働者については、譲渡元企業と譲渡先企業の合意（事業譲渡契約）の対象に含まれていない場合には、原則として、移転（譲渡の対象に含めること）を請求することはできないと考えられています。

もっとも、ⓐ労働組合員であることや労働条件変更に反対したことを理由に特定の労働者を排除するなど、その決定が法律（労働組合法七条一号、民法九〇条など）に違反する場合には、違反部分は違法・無効と解釈されます。また、ⓑ譲渡先企業の取締役が原則として全員移ってもらうと発言していた場合（ショー・コーポレーション〔魚沼《うおぬま》中央自動車学校〕事件・東京高裁二〇〇八年一二月二五日判決）など合理的な意思解釈によって譲渡先企業と労働者間に労働契約の成立が認められるときには、労働者は移転（譲渡先との労働契約の存在）を請求できると解されています。

真由「合併の場合には、自動的に合併先に移ることになり、会社分割の場合には、移転される事業で働いているかどうかで自分も移らなければならないかどうかが決まってくるんですね。事業譲渡の場合には、移りたくない人は拒否できるけど、移りた

い人が移ることを請求するのは難しいこともありそうですね」

宇野

「最近は、うちの取引先でもＭ＆Ａ（企業の合併〔mergers〕と買収〔acquisitions〕）をしたりされたりすることが増えてます。働いている人は自分の身を守るためにも、こういうことをちゃんと知っておいたほうがいいですね」

8 病気等で休む――休職制度

人生一〇〇年時代になり、少なくとも六五歳や七〇歳まで働くことになると、その途中で病気になったりけがをすることもでてきます。仕事や通勤が原因で病気やけがをすることは「労働災害」といって法的に手厚い保護があります「第4章」10項。しかし、私的に病気やけがをして仕事を休まざるをえなくなることもあります。このような事態等に備えた制度として、多くの会社で休職制度が設けられています。

休職の種類と制度

休職とは、労働者に労働させることが適当でない場合に、労働契約そのものは存続させながら、労働者の労働義務を一時的に消滅させることをいいます。この休職に関する制度は、法律で義務づけられているものではなく、会社が任意で定めているものです。

休職制度の対象は、病気・けがだけでなく、その他の事由も含めて記載されることが多くなっています。典型的な休職としては、①私的な病気やけがによる欠勤が一定期間以上に及ぶときの傷病休職（または病気休職）、②病気やけが以外の自己都合（例えば労働者の逮捕・勾留《こうりゅう》）による欠勤が一定期間以上に及ぶときの事故欠勤休職、③刑事事件で起訴された労働者の事件係属期間中または判決確定までの起訴休職、④他社に出向している期間の出向休職、⑤留学や公職就任など労働者の自己都合による自己都合休職、⑥労働組合の専従役員として活動している期間の組合専従休職があります。これらの休職制度は、一般に、会社の就業規則に定められ、それに基づいて会社が発令することが多くなっています。

休職期間中の賃金については、例えば、傷病休職期間は無給（ただし健康保険から標準報酬月額平均の三分の二の傷病手当金が支給される）など、就業規則に定められていることが一般的です。ただし、会社側の都合や責任で休職とされている場合には、会社の責任で働けなかったものとして賃金の支払いを求めることができます（民法五三六条二項）。

休職期間満了による退職または復帰の可否

傷病休職については、会社によりさまざまですが、概《おおむ》ね三か月ないし三年の休職期間が設定されています（なかでも健康保険から傷病手当金が支給される限度期間である一年六か月に設定している会社が多くなっています）。例えば私的な病気やけがで治療のため出勤できなくなった場合には、最初は年次有給休暇を利用して有給で仕事を休み「第4章」9項、年休を使い切った後は傷病休職期間に移行して、会社からは無給、健康保険から傷病手当金の支給を受けながら、傷病が治って復職できるまで休職するというのが典型的な例です。

会社が設定している休職期間は、この治療のための休職を認める上限期間であり、従業員が安心して傷病の治療に専念できるように定められた解雇猶予期間との趣旨をもつものと考えられています。

この休職期間が満了した時点で傷病が治癒していない場合には、解雇または自動退職とすることが定められていることがあります。しかし、この場合も、解雇または退職が必ず有効であるわけではありません。裁判例では、休職期間満了時に従前の職務を支障なく行える状態までは回復していなくても、相当期間内に回復することが見込まれ、かつ、当人に適切なより軽い作業が現に存在するときには、病気が治癒するまでの間その業務に配置すべきであり、契約の自動終了という効果は発生しないとしたもの（エール・フランス事件・東京地裁一九八四年一月二七日判決）などがあります。

傷病休職のなかでも、メンタルヘルス不調（心の健康問題）により休業した労働者については、復職に向けたケアやサポートのあり方が重要になります。厚生労働省は、「心の健康問題により休業した労働者の職場復帰支援の手引き」（二〇一二年七月改訂）を作成し周知しています。そこでは、①主治医による職場復帰可能性の判断（診断書）を提出してもらったうえで、②産業保健スタッフ等を中心に職場復帰支援プランを作成し、連携しながら職場復帰を進めていくこと、③正式な職場復帰をする前に、試し出勤（トライアル出社、リハビリ勤務など）を行うことや、④地域障害者職業センター等のリワーク支援事業を利用することが有効な場合があることなどが、詳細に記載されています。これらの措置は、法律上明文で会社に義務づけられているものではありませんが、具体的な状況に応じた適切な対応をとることが信義則上会社に求められているといえます。[8]

宇野「うちの会社でも、病気で休職する人、特にメンタルヘルス不調で休む人が増えていて、どういう形で職場復帰してもらうかが課題になってますね」

真由「メンタル疾患って、その原因が私的なものなのか、職場のストレスとかハラスメントにあるか、区別が難しい場合もありそうですね[9]」

さくら「なるべくそういう事態にならないように、従業員の健康増進を目指す『健康経営』や『ウェルビーイング経営』「第2章」12項が注目されてるんですよね」

9 会社から処分を受ける――懲戒処分

会社に勤めていると、会社のルールに違反する行為があったとして、処分を受けることがあります。懲戒処分といわれるものです。従業員側からすると、懲戒処分を受けたことは、会社内でのキャリア展開にマイナスになったり、転職の際の支障となったりすることもあります。そこで、会社が従業員に懲戒処分を科すことには、法的に厳格なルールが設定されています。

懲戒の基本ルール

会社は、多数の従業員を組織し円滑に事業を行うため、就業規則に従業員が守るべき服務規律を定めています。従業員がこの服務規律に違反して企業秩序を乱した場合には、制裁罰として懲戒処分が科されることがあります。懲戒処分の種類としては、軽いものから順に、けん責・戒告、減給、出勤停止、降格、諭旨退職、懲戒解雇などがあります。

懲戒処分を有効に行うためには、まず、就業規則に懲戒の事由（経歴詐称、業務命令違反、無断欠勤など懲戒を科す理由）と種類（上述のけん責・戒告、減給など）を定めておくことが必要です（フジ興産事件・最高裁二〇〇三年一〇月一〇日判決）。懲戒処分は刑罰と類似した性格をもつため、刑罰に関する罪刑法定主義という法原則にならって、①新たに設けた懲戒規定をそれより前の事案に遡《さかのぼ》って適用しないこと（不遡及《ふそきゅう》の原則）、②同じ事由について繰り返し処分しないこと（一事不再理の原則）、③処分にあたって適正な手続を踏むこと（特に本人に対して懲戒事由を告知して弁明の機会を与えること）なども求められます。

懲戒事由該当性

懲戒処分を行うには、就業規則に定められた懲戒事由にあたる事実があることが必要になります（懲戒事由該当性）。また、形式的には懲戒事由に該当する行為があったとしても、実質的に企業秩序を乱すおそれがない場合には、就業規則規定の趣旨（企業秩序違反行為に対して制裁罰を科すという目的）に照らして、懲戒事由は存在しないと解釈されることがあります（就業規則規定の趣旨に基づく限定解釈）。例えば、兼業は会社の許可を得て行うという兼業許可制が就業規則上定められており、この許可を得ずに兼業をしていたとしても、ⓐ深夜に及ぶ長時間の兼業で本業に支障が生じたり、ⓑ競業企業での兼業で会社への背信行為にあたるなどして、会社に実質的に支障が生じるというおそれがない場合には、懲戒事由である「無許可兼業」には該当しないものと解釈されています。

権利濫用ルール

さらに、就業規則の懲戒規定に基づいて懲戒処分が科されたとしても、それが権利の濫用にあたる場合には、処分は無効となります（労働契約法一五条）。ここでは特に、懲戒処分のもととなった労働者の行為の悪性の度合いと懲戒処分の重さを比べて、処分が重すぎないかが判断されます。例えば、飲酒運転で逮捕されたことは「会社の名誉信用の毀損《きそん》」などの懲戒事由に該当するが、仕事とは無関係の私生活上の行為であり、これ以外に勤務態度等の面でそれまで問題となることがなかったような場合には、これに対し懲戒解雇という最も重い処分を科すことは処分として重すぎ、権利の濫用にあたると判断されることがあります。

宇野　「さすがに僕はまだ懲戒処分を科されたことはありませんが、最近は、意図的にルール違反を犯した場合だけじゃなく、うっかりして会社の情報が外部に漏れた場合とか、部下への指導がパワハラにあたるとされた場合など、意図せずに発生したルール違反に対して、再発防止のためのけじめとして、懲戒処分が科されることもあるようです」

真由　「コンプライアンス（法令遵守）の観点から社内のルールも厳しくなってる分、懲戒処分が増えてるのかもしれませんね」

悠太

「そういう面でも、会社のルールをちゃんと把握しておく必要がありそうですね」

10

会社を辞める・転職する
——辞職、雇用保険・職業紹介など

かつては「終身雇用」といわれ、学校を卒業して一旦《いったん》就職すると定年まで同じ会社で働き続けることがイメージされていました〈「第2章」2項〉。しかし現在は、就職した後も自分で会社や仕事を選んで転職しようという人たちが増えています〈「第2章」6項〉。もっとも、会社を辞めようとするときに会社から辞めないようにはたらきかけられることも少なくありません（それが嫌がらせに及んで「ヤメハラ」となることもあります）。他方で、転職しようとするときには、雇用保険や職業紹介などによる支援を受けることができます。

辞職の自由

労働契約を解約する方法は、大きく三つあります。会社が一方的に解約する「解雇」、労働者が一方的に解約する「辞職」、会社と労働者の合意で解約する「合意解約」です。このうち、使用者による「解雇」については労働者の生活を脅かす可能性があるので、後で述べる解雇権濫用法理などの法規制が整えられています〈本章11項〉。これに対し、労働者による「辞職」については、労働者が本来的にもっている職業選択の自由（憲法二二条）

や人身の自由（同一八条）の観点から、「辞職の自由」が認められています。労働者は、原則として、自らの意思で労働契約から解放される自由を有しているのです。

特に、労働契約に期間の定めがない場合には、労働者は、二週間の予告期間を置けば、いつでも理由なく契約を解約できます（民法六二七条一項）。会社の就業規則などに、それより長い一か月とか三か月などの予告期間が定められていたとしても、二週間を超える部分は法律違反として無効となります（広告代理店A社元従業員事件・福岡高裁二〇一六年一〇月一四日判決など）。また、会社側から、次の人が決まるまで辞めさせない、辞めるんだったら違約金を払ってもらうなどといわれたとしても、二週間前に予告さえすれば自由に退職できますし、違約金の定めはそもそも違法で無効とされています（労働基準法一六条）。会社を辞める決心が固いときは、「二週間後に辞職します」という意思を会社に明確に伝えて辞めることができます。

期間の定めのある労働契約の場合には、少し話が変わってきます。労働契約の期間の定めは、原則として、会社側としてはその期間雇う約束、労働者側としてはその期間働く約束をしたものという意味をもつからです。したがって、期間が満了したタイミングで労働者が辞めることは自由にできますが、期間の途中で辞めるときには、期間を残しながら辞める「やむを得ない事由」が必要であると解されています（民法六二八条参照）。期間途中で辞めたい場合には、辞めざるを得ない理由があることを明確にしながら、会社に辞職の意思を伝えましょう。

真由「会社を辞めたいときは、慰留されたり嫌がらせを受けたりしても、ちゃんと辞めるっていう意思を会社に明確に伝えることが大切なんですね」

宇野「この辞職の意思表示を代わりに有料でやってくれる退職代行サービスが流行《はや》ってますが、きちんと書面に残る形で辞職の意思を伝えれば、自分でもできそうです」

転職のサポート――雇用保険、職業紹介など

転職しようとするときには、雇用保険から、①転職に役立つ教育訓練（リスキリング）の支援や、②失業した際の失業手当の支給を受けることができます（雇用保険法一〇条）。また、ハローワークで、③転職先の紹介（職業紹介）を受けることもできます。

労働者として働いている人については、原則として国の雇用保険に加入する義務があり、会社が保険加入・保険料納付手続を行っています。雇用保険に加入している者（被保険者）が、職場外で自主的に教育訓練を受けたときには、その専門性の度合いに応じて、ⓐ一般教育訓練給付、ⓑ特定一般教育訓練給付、ⓒ専門実践教育訓練給付という訓練費用の補助

を受けることができます。例えば、ロースクールやビジネススクールに通って資格取得を目指す被保険者は専門実践教育訓練給付（ⓒ）として受講費用の五〇％等、司法書士や社会保険労務士の資格取得のための指定講座を受講する被保険者は一般教育訓練給付（ⓐ）として受講費用の二〇％の支給を受けることができます。[10]

また、雇用保険の被保険者が失業状態になったときは、一定の要件の下で、失業手当として求職者給付が支給されます。求職者給付の中心となる基本手当の日額は、離職前の賃金日額の五〇％から八〇％（賃金日額が低いほど給付率は高くなる）で、給付日数は年齢、被保険者期間の長さ、離職理由に応じて、次ページの図表4のように定められています。

転職先の探し方については、学生のときの就職先の探し方や選び方本章3項で話したことが、基本的にはあてはまります。なかでも、転職の際に重要な役割を果たしているのが、民間の職業紹介事業（人材紹介サービス、転職エージェントサービスなど）や就職情報サイト（求人・転職情報サイトなど）と並んで、国がハローワークで行っている公共職業紹介事業です。専門性や賃金が高い求人については民間の職業紹介事業、その他一般の求人については民間の就職情報サイトやハローワークの公共職業紹介が利用されることが多いという傾向があります。これらをうまく利用して自分の希望に合った転職先を探しましょう。職業安定法は、国・自治体と民間事業者に共通する職業紹介の基本ルールとして、①

【図表4】求職者給付(基本手当)の給付日数

一般の離職者(定年退職、自己都合退職等)

離職日における年齢	被保険者期間		
	10年未満	10年以上20年未満	20年以上
65歳未満	90日	120日	150日

倒産・解雇等による離職者

離職日における年齢	被保険者期間				
	1年未満	1年以上5年未満	5年以上10年未満	10年以上20年未満	20年以上
30歳未満	90日	90日	120日	180日	—
30歳以上35歳未満		120日	180日	210日	240日
35歳以上45歳未満		150日	180日	240日	270日
45歳以上60歳未満		180日	240日	270日	330日
60歳以上65歳未満		150日	180日	210日	240日

就職が困難な者(障害者等)

離職日における年齢	被保険者期間	
	1年未満	1年以上
45歳未満	150日	300日
45歳以上65歳未満		360日

職業選択の自由、②差別の禁止、③労働条件等の明示、④求人等の情報の的確表示、⑤個人情報の保護、⑥求人・求職受理の原則、⑦適職紹介の原則、⑧労働争議への不介入の原則を定めています（同法二条・三条・五条の三〜五条の八、二〇条一項など）。

悠太「転職するときには、会社を辞めてから次を探すっていうだけじゃなくて、勉強をし直して資格を取ってから、資格に見合った転職先を探すっていう道もあるんですね」

宇野「前の会社に在職しながら、リスキリング（学び直し）をしたり、転職先を長い目で探すって場合も多いですよね。うちの先輩は、転職先から採用内定をもらってから、転職の時期に合わせて会社を辞めましたし」

真由「辞職や転職の仕方の面でも、主体的なキャリア形成という視点がだんだん強まってきてるのかもしれないですね」

11 会社から辞めさせられる——解雇、雇止め、退職勧奨

たしかに、自分から会社を辞めて転職する人が増えていますが、会社を辞めたくないのに会社から辞めさせられようとすることもあります。解雇、雇止め、退職勧奨です。

解雇のルール——解雇権濫用法理と解雇予告・期間制限など

解雇とは、会社の一方的な意思表示による労働契約の解約です。解雇は、労働者の生活に与える打撃が大きいため、日本の裁判所は、解雇の自由（民法六二七条一項）に実質的に制約をかける解雇権濫用法理を作り上げました（最高裁では日本食塩製造事件・一九七五年四月二五日判決など）。解雇に客観的合理性と社会的相当性が認められない場合には、権利の濫用として無効になるとされたのです（現行法では労働契約法一六条）。

解雇の理由としては、大きく、①労働者の能力や適格性の低下、②労働者の規律違反行為、③経営上の必要性の三つがあります。それぞれの理由ごとに、解雇の合理性・相当性の判断の仕方は異なっています。

労働者の能力・適格性の低下を理由とする解雇（①）については、労働者の能力・適格

性の低下が重大であることに加え、会社として改善矯正策を講じたが改善の見込みがないことが必要だとされています（ブルームバーグ・エル・ピー事件・東京高裁二〇一三年四月二四日判決など）。労働者の規律違反行為を理由とする解雇（②）については、労働者の行為の性質・態様（重大さや悪質性など）だけでなく、労働者に有利な事情（過去の成績・貢献、情状など）も考慮に入れて、総合的に合理性・相当性が判断される傾向にあります（高知放送事件・最高裁一九七七年一月三一日判決など）。これに対し、経営上の必要性を理由とする解雇（③）は、「整理解雇」とも呼ばれ、労働者側ではなく会社側の事情を理由とした解雇であるため、より具体的で厳しい制約が課されています。すなわち、①人員削減の必要性、②解雇回避の努力、③人選の合理性、④手続の妥当性という四つの点から解雇の合理性・相当性を具体的に判断することとされており、実際にはこれら四つのうち一つでも欠けると権利の濫用になると解釈されています（あさひ保育園事件・最高裁一九八三年一〇月二七日判決など。いわゆる「整理解雇法理」）。

解雇が権利の濫用として無効となると、労働契約上の権利はそのまま存続するものとされ、違法な解雇によって働けなかったことの責任は会社側にあるとして、その期間中の賃金の支払いが命じられることが一般的です（民法五三六条二項参照）。このように、解雇の合理性・相当性がかなり厳しく判断されている点、および、権利濫用とされた場合の救済内容が解雇無効と賃金支払いという重いものとされている点に、日本の解雇権濫用法理の大きな特徴があります[11]。

そのほか、労働基準法は、労働者を解雇するには、少なくとも三〇日前に予告するか、三〇日分以上の平均賃金を支払わなければならない（予告日数と平均賃金支払日数の合計が三〇日以上であればよい）との解雇予告を定めています（同法二〇条）。また、労働者の労働災害の療養のための休業期間とその後の三〇日間、および、産前産後休業の期間とその後の三〇日間は、労働者を解雇してはならないとする解雇の期間制限を定めています（同法一九条）。解雇予告の趣旨は解雇の打撃を和らげるための経済的補償、期間制限の趣旨は安心して労働災害の療養休業と産前産後休業をとれるようにすることにあります。

要するに、会社は、原則として、三〇日間の予告期間を置くか予告手当を支払い、解雇の期間制限がかかっていない時期に、かつ、解雇に客観的合理性と社会的相当性を備えた理由がある場合に限り、労働者を解雇することができることになります。

宇野「うちの会社では、大きな不祥事で懲戒解雇された例を除けば、労働者の解雇ってほとんどみたことないんですが、法的にもかなり厳しいルールがあるんですね」

さくら「解雇権濫用法理ってルールは、終身雇用の時代に裁判所が作ったルールなんですよね。だとすると、終身雇用が実態として変わっていったら、このルールも変わっていくことになるんでしょうか」

真由「新聞とかマスコミでもときどき取り上げられているテーマだけど、変わるかどうかより、どう変えるかが問題なんだと思います」

悠太「んー。自由研究のテーマとしては、ちょっと難しすぎるかな……」

雇止めのルール ── 雇止め法理と無期転換ルール

労働契約に期間の定めがある場合には、期間の満了により契約終了（いわゆる「雇止め」）とされる可能性があります[12]。もっとも、①契約が反復更新されて実質的に期間の定めのない契約と同視できる場合や、②労働者の契約更新の期待に合理的な理由があると認められる場合には、解雇と同様に、客観的合理性と社会的相当性がなければ、契約を終了させることはできない（契約が更新されたのと同様の法律関係となる）とされています（労働契約法一九条。いわゆる「雇止め法理」）。

また、有期労働契約が更新されて、通算契約期間が五年を超える場合に、労働者が無期労働契約への転換の申込みをすれば、有期労働契約の終了と同時に、無期労働契約に転換するものとされています（労働契約法一八条）。例えば、一年契約の場合は六回目以降、三年契約の場合は二回目以降は、通算契約期間が五年を超える契約となるため、その期間中に労働者が希望すれば、期間満了の翌日から自動的に無期労働契約に移行することになります。無期転換後の労働契約の内容は、特別の定めがある場合を除き、契約期間が無期になる以外は有期労働契約の内容と同じものになるとされています（同条一項二文）。

宇野「有期契約は非正社員に対して締結されることが多いので、正社員として転職する場合にはあまり意識する必要はないでしょうか」

伊達「アメリカでは、例えばメジャーリーガーみたいに、ハイスペックな労働者は有期で契約を結んで、無期契約よりも高い報酬をもらうこともあるので、日本企業でも専門性が高い労働者と高報酬で有期契約を結ぶっていうケースが出てくるかもしれないね」

悠太「やっぱり、有期契約のルールも知っておいたほうがよさそうですね」

真由「定年後に有期契約で再雇用されることもあるみたいだしね」

退職勧奨のルール――意思表示の効力と人格的利益の侵害

会社側が従業員に対し退職することを勧める、いわゆる「退職勧奨」が行われることもあります。例えば、経営上の理由で人員整理が必要になったときに、解雇することは法的にも世間体としても難しいと考える日本企業は、解雇という形をとらずに従業員に退職してもらうために、退職金の上積みや再就職のあっせんなどを提案しながら従業員に退職するよう説得することが、しばしばあるのです。この説得に応じて従業員が退職することは、法的には、従業員の辞職の意思表示、または、会社と従業員の合意による解約（合意解約）となります。

もっとも、説得の域を超えた退職勧奨が行われることも少なくありません。この場合、①そもそも辞職や合意解約という労働者の意思は真意に基づくものであったのか（会社に騙《だま》されたり強要されるなど真意によらずに退職の意思を表明した場合には意思表示を取り消すことができます〔民法九五条・九六条など〕）、②会社が屈辱的な言葉を用いて執拗《しつよう》に退職を求めるなど、労働者の人格を傷つけるような行き過ぎた言動が会社側になかったか（労働者の人格的利益が侵害された場合には不法行為〔民法七〇九条〕として損害賠償を求めることができます）が、法的に問題となります。

宇野 **「たしかに、解雇はほとんどしない代わりに、退職勧奨は広く行われてるような気がします」**

真由「辞めたくないときは、辞めるって意思表示をしないこと。そして、ひどい態様のときは、記録を残してすぐに相談することですね」

悠太「そうなったら、僕はすぐに辞めちゃって、次の会社を探すかも。そのためにも、日頃からリスキリングをして、自分のキャリアは自分で切り拓《ひら》くっていう意識をもっておくことが大切かもしれないと思いました」

12 引退する――定年制、定年後の継続雇用・起業支援など

キャリアの途中で、辞職したり解雇されたりすることがなくても、最後は、定年によって労働契約が終了することが少なくありません。われわれはどうやってキャリアを終えていくのでしょうか。

定年制と年齢差別

定年制とは、一定年齢に到達したことによって労働契約が終了するというルールです。日本企業の多くでは、就業規則にその定めが置かれています。現状では、六〇歳定年制や六五歳定年制が多くなっています。

これに対し、個人が自分の意思で選ぶことができない「年齢」という属性によって異なる取扱いをすることは「差別」にあたるという考え方もあります。現に、アメリカやEU諸国では、雇用における年齢差別は、定年制も含めて、原則として禁止されています(13)。また日本でも、少子高齢化が進むなかで、年齢にかかわらず、働くことを希望するできるだけ多くの人にその能力を発揮してもらうことが、日本の経済的な豊かさの実現や社会保障

財政の健全化の観点から求められています〈「第2章」10項〉。しかし他方で、これまでの日本企業では、終身雇用慣行をとっているなかで定年による退職を認めないと、会社内に高年齢層が滞留し人事刷新が図れなくなるという懸念や、人員整理が必要になったときに若年層を含めた退職勧奨や解雇を行わざるをえなくなるとの懸念がありました。このような状況のなか、これまでの日本の裁判所は、定年制も一般的に不合理な制度とまではいえないと判断してきたのです（秋北《しゅうほく》バス事件・最高裁一九六八年一二月二五日判決など）。

現在の高年齢者雇用安定法という法律は、この定年制の存在を前提としつつ、会社に、定年を定める場合には六〇歳以上とすることを義務づけています（八条）。この法律によると、例えば、五八歳定年制は違法・無効となりますが、定年年齢を六〇歳、六五歳、七〇歳など六〇歳以上に設定することは適法で、定年制を設けないことも適法とされています。

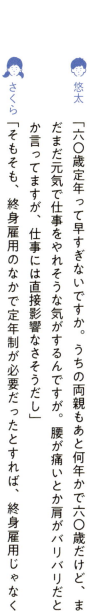

悠太「六〇歳定年って早すぎないですか。うちの両親もあと何年かで六〇歳だけど、まだまだ元気で仕事をやれそうな気がするんですが。腰が痛いとか肩がバリバリだとか言ってますが、仕事には直接影響なさそうだし」

さくら「そもそも、終身雇用のなかで定年制が必要だったとすれば、終身雇用じゃなくなったら定年制も必要なくなるんじゃないでしょうか。六〇歳過ぎても、六五歳過ぎても、働きたい人は年齢に関係なく働ける環境を作ることが大切ですよね」

宇野
「その場合、みんなが六五歳になっても、七〇歳になっても働きたいって言ったときに、どうやって辞めてもらうかが鍵《かぎ》になりそうですね。プロ野球選手みたいに、成績不振なので今年いっぱいで辞めてもらいますって、会社員にも判定したり通告したりできるかどうかですね」

定年後の雇用確保措置と就業確保措置

実は、定年になってもすぐに引退するというわけではありません。高年齢者雇用安定法は、定年後も雇用や就業の機会を確保するように会社に求めています。

この法律は、定年（六五歳未満のもの）を定めている会社に対し、標準的な年金支給開始年齢（六五歳）との接続を図るために、六五歳まで「雇用」を確保する措置（①定年年齢の引上げ、②継続雇用制度の導入、③定年制の廃止のいずれか）をとることを義務づけています（九条）。この三つの選択肢のうち二つ目（継続雇用制度）をとり、具体的には、六〇歳定年後は有期労働契約に切り換えて一年ごとに契約を結ぶ定年後再雇用（または嘱託雇用）制度を採用している例が多くなっています。しかし最近では、定年年齢の六五歳への引上げ（①）や定年制の廃止（③）を行う会社も増えており、高齢者の活用の動きは広がりつつあります。

さらに、この法律は、二〇二〇年の改正で、六五歳から七〇歳までの安定した「雇用」または「就業」を確保する措置（①定年年齢の引上げ、②六五歳以上の継続雇用制度、③定年制の廃止、または、事業場の労働者の過半数代表の同意を得て、当該高年齢者の希望により、④新事業を始める高年齢者との有償の業務委託契約の締結、⑤会社等が実施する社会貢献事業についての有償の業務委託契約の締結のいずれか）をとるよう努めることを会社に義務づけました。これは、現時点ではまだ努力義務にとどまっており、法的な義務を課す（違反した場合にはただちに違法とする）ものではありません。もっとも、その内容として、「雇用」を継続するだけでなく、本人が会社を起業してそれを業務委託で支援すること（④）も含めて、より広く「就業」の機会の提供を促そうとしています。高齢者のより柔軟な形態での働き方を支援しようとするものといえます。

悠太「定年によって即引退ってわけじゃないんですね。ちょっと安心しました。いろんな意味で」

さくら「わたしたちの時代って、もう定年とかなくなって、自分のキャリアプランとか生活設計に沿って、何歳までどういう働き方をするか、自分で決められるようになるんですかね」

伊達「それって、皆さんがこれから実際にどういう会社や働き方を選択するかとか、選挙のときにどういう政策を選択して投票するかによるんじゃないかな」

宇野「たしかに、働き方とか賃上げとか労働市場に関する問題が、政治的に争点となることも増えてきてますしね」

真由「きょうは、そういうキャリアの大きな方向性にかかわることも含めて、学生アルバイトから引退まで、働くうえで知っておくべきことがよくわかりました。就職前の私にとっては、ほんとうにありがたかったです」

宇野「実際に働いていると、差別とか、ハラスメントとか、長時間労働とか、悩んだり追い込まれたりしていることが、まだまだたくさんあります。もし追加して聞くことができるとすれば、そういうときに働いている人を守ってくれる武器となる労働法の中身について、教えていただけないでしょうか」

伊達「いよいよ労働法の中身だね。それはまた、日を改めてお話しすることにしましょう」

第4章

困ったときに頼りになるルールは？
――働くときの【武器・知識】

宇野

「……僕も、僕の同僚も、働いていて困ったり悩んだりすることがたくさんあります。実際に、会社の先輩や同期のなかには、上司やお客さんからハラスメントを受けて、メンタルを壊して会社を休んでる人もいるし、ハードワークに耐えられずに会社を辞めるときに、サービス残業がたくさんあったって言って会社を訴えた人もいます。……そういうときに自分たちを守ってくれる武器みたいなものがあったら、そのポイントを知りたいです」

〈「はじめに」9ページ

八月の第二土曜日。四年に一度のスポーツの祭典も幕を閉じようとしているなか、五人は銀座《ぎんざ》のカフェに集まった。宇野は今日から夏休み。真由は、今月終わりからインターンシップに行く予定だ。夏休みの銀座には、日本人よりインバウンド客のほうが多い。

伊達「今日は、いよいよ働く人の武器となる労働法の中身についてお話ししましょう」

悠太「そろそろ自由研究のテーマも固めなきゃいけないから、今日は真剣に聞きます」

真由「今日は？」

さくら「私はもうテーマを決めて、自分で調べたりしてます。今日の話のなかでも関係しそうなところが出てきたらうれしいです」

1

法を知る――強行法規、労働協約、就業規則、労働契約

まずは、労働法の大きな枠組みを理解するところから始めましょう。

労働法というのは、働くことについての法のことをいいます。「労働法」という名前の法律があるわけではなく、労働組合法、労働基準法、最低賃金法、男女雇用機会均等法、労働契約法など、働くことに関するたくさんの法律を集めたルールの総体を、「労働法」と呼んでいます。

「法」とは何か？――「権利」と「義務」

世の中には憲法、民法、刑法などたくさんの法があり、労働法もその「法」の一つです。「法」とは人々が守るべき一種のルールですが、ルールのなかでも、それを守らせるために国家権力が力を貸してくれるものを「法」と呼んでいます。例えば、一〇万円で自転車を買ったのに代金を払わない人に対しては、裁判所がきちんと代金を支払うよう判決を下し、それでも支払わなければ、国家がその人の財産を差し押さえてお金に換え、支払いを強制します。このように、法は、最終的には国家の力を借りて実現されるという性格を

もっています。

そこで、ある人が国家の力を借りて救済を求めることができるかどうかのポイントとなるのが、「権利」という概念です。先ほどの例では、自転車の売主は買主に対して一〇万円の代金の支払いを求める権利があるとされます。権利の反対の言葉は「義務」です。ここでは、買主は売主に一〇万円の代金を支払う義務を負っているとされます。このように、権利をもつ人は、義務を負っている人に対して、裁判所などの国家の力を借りながら、義務を履行させることができるのです。

法は、このような意味で、権利と義務を定めた体系であるといえます。

権利と義務の根拠となるものは何か？――「契約」と「法律」

法が権利と義務の体系であるとすれば、この権利と義務は何によって根拠づけられるのでしょうか。言葉を換えていうと、人はどういう根拠があるときに、他人（さらには裁判所などの国家権力）から強制されるのでしょうか。

かつての封建社会では、国王や領主など力の強い者からの絶対的な命令に従わざるをえないことがありました。しかし、自分が関与しないところで決められたルールを強制されることの苦痛や理不尽さは小さくありません。この理不尽さを打破しようとした市民革命をきっかけに、人びとは自分の「自由意思」に基づく行為によってのみ他人からの強制を受ける、との考え方が広がっていきました。近代市民社会の成立です。そこで、この自由意思に基づく行為として想定されたのが、「契約」と「法律」でした。自由な市民は、各人の自由な意思が合致して成立した「契約」と、国民が自由な意思（投票）によって選出した代表者（議員）によって決められた「法律」によってのみ、他人から強制を受けるという考え方が、制度化されていったのです[1]。

今日の労働法の世界でも、この考え方は、基本的にあてはまっています。

働く人（労働者）と会社（使用者）との間の関係は、法的には、個々の労働者と使用者の間の「労働契約」（または「雇用契約」）に基づくものと考えられています。労働契約とは、労働者が使用者に指揮命令を受けて働き、使用者がこれに対し賃金を支払うことを約束する契約です（労働契約法六条、民法六二三条参照）。この契約に基づいて、労働者は使用者から指揮命令を受けて働く義務、使用者は労働者に賃金を支払う義務を負うことになります。この契約上の権利と義務は、明示の合意だけでなく黙示の合意でも発生しますし、信義則（労働契約法三条四項、民法一条二項）と呼ばれる当事者間の信頼関係に基づいて発生することもあります。

例えば、ある会社で規則や契約書に書かれているわけではない長年の慣行として、毎年一二月末に従業員に一〇万円ずつ「もち代」を支給する取扱いが行われ、会社も従業員もこれを一種のルールと認識していた場合には、黙示の合意が成立しているとして、裁判所が会社にその支払いを命じることがあります。また、従業員に指揮命令をして働かせている会社は、明示または黙示の合意がなくても、従業員の生命や健康を危険から守るよう配慮する義務（安全配慮義務）を信義則上負っていると解釈されています本章10項。

働く人と会社との関係は、この労働契約に基づく関係を基礎としつつ、これに対してさまざまな法律が規制を加えています。例えば、労働基準法、最低賃金法、男女雇用機会均等法、育児介護休業法、労働契約法などの法律です。また、民法上の権利濫用（一条三項）や公序（九〇条）が規律を加えることも少なくありません。これらの法律規定は「強行法規」と呼ばれ、当事者の合意の有無や内容にかかわらず当事者を規律するものとされています。例えば、最低賃金法に基づいて最低賃金が時給一一六三円と定められている地域で、会社と従業員との間で時給一〇〇〇円という契約が結ばれた場合、一一六三円を下回る契約部分は無効とされ、法律の定めに従って契約内容は時給一一六三円に修正されることになります（最低賃金法四条二項）。また、労働基準法、最低賃金法、労働安全衛生法などの法律は、労働基準監督署（長）という行政機関によって使用者がそれをきちんと遵守するよう指導や監督が行われており、法律を守らない悪質な使用者には拘禁や罰金などの罰則が科されます。労働法では、この強行的な性格をもつ法律の役割が大きくなっています。

労働法に固有の法源――「労働協約」と「就業規則」

このように、契約と法律は、人びとの権利や義務を根拠づけるものとなり、労働法の世界でも重要な役割を果たしています。さらに、日本の労働法では、この二つに加えて、「労働協約」と「就業規則」が、働く人と会社の間の権利義務を基礎づける根拠となりうるものとされています(2)。

労働協約とは、労働者が結成・加入する労働組合と会社との間で締結される合意・協定のことをいいます。労働協約は、書面に作成し署名または記名押印という一定の様式を満たすときには、そこに定める基準に反する労働契約の部分を無効とし、無効となった契約部分を補う効力(いわゆる「規範的効力」)が認められます(労働組合法一四条・一六条)。例えば、労働契約にはボーナスは月給の二か月分と定められていたとしても、労働協約にボーナスは月給の三か月分と定められた場合には、労働契約の内容は月給の三か月分に修正され、組合員は会社に月給三か月分のボーナスの支払いを請求する権利をもつことになります〈本章14項〉。

就業規則とは、労働条件や職場規律など職場における集団的なルールについて使用者が定める規則のことをいいます。労働基準法は、常時一〇人以上の労働者を使用する使用者に、労働時間、賃金、退職、食費・作業用品等、安全衛生、職業訓練、災害補償、表彰・制裁、その他労働者のすべてに適用される事項を記載した就業規則を作成することを義務づけています(労働基準法八九条(3))。その結果、日本では、就業規則に労働条件や職場規律など職場のルールのほとんどが記載されるに至っています。

就業規則に定められた労働条件については、その職場（事業場）の最低基準として、これを下回る労働契約の部分を無効としそれを補う効力が認められています（労働契約法一二条）。この最低基準効は、就業規則と労働契約の双方に定めがある場合の調整の場面で出てきます（例えば就業規則には時給一五〇〇円、労働契約には時給一二〇〇円と記載されていた場合、労働契約の内容は就業規則の最低基準効により、時給一五〇〇円に修正されます）。

さらに、ある労働条件が就業規則にのみ記載されている（労働契約には定めがない）場合について、労働契約法は、それまでの判例の立場（秋北バス事件・最高裁一九六八年一二月二五日判決など）を取り入れ、就業規則が合理的な労働条件を定め、それが労働者に周知されていた場合には、労働契約の内容になるとしています（七条）。例えば、懲戒処分に関するルールが就業規則に定められている場合、その規定が労働者に周知され、かつ、規定の内容が合理的であった場合には、それが労働契約の内容として、会社と従業員の間に権利と義務を発生させることになります。

日本の労働法の体系——四つの法的根拠

以上のように、働く人と会社との間の働くことをめぐる関係は、労働契約を基礎としつつ、それに規制を加える法律（強行法規）、労働協約、就業規則（最低基準効）という四つ

【図表5】労働法の4つの法的根拠

①法　　律（強行法規）
労働基準法、最低賃金法、男女雇用機会均等法、
育児介護休業法、労働契約法14条・15条・16条、
民法1条3項・90条など

②労働協約（←労働組合法16条：規範的効力）

③就業規則（←労働契約法12条：最低基準効）

④労働契約
明示・黙示の合意、信義則〔民法1条2項〕に
よる補充・修正など

の法的根拠によって規律されています。これを法的な強さの順に整理し直すと、図表5のようになります。

働く人と会社の間の関係では、これらの四種類の法的根拠のなかのどれかによって基礎づけられ権利と義務になることによってはじめて、労働者が使用者に、または使用者が労働者に、法的な請求をすることが可能になります。逆にいうと、これらの四つのどこにも根拠がないことについては、裁判所の力を借りてその実現を図ることはできません（法的にいうと「請求の根拠を欠く」ことになります）。

労働法は、これらの四つの法的根拠に支えられた権利と義務の体系ということもできます。

宇野「なるほど。われわれの労働条件はこの四つの層のどこかに根拠をもつわけですね。法律も重要そうですが、実際には労働条件のほとんどが会社の就業規則に書かれてるんですよね。僕は恥ずかしながら、その内容をチェックしたことはないんですが」

さくら「就業規則が重要だというのは、世界共通ですか？　国によって違いとか特徴みたいなものがあるんでしょうか？」

伊達「大きな特徴でいうと、伝統的に国家や政治の役割が大きいフランスでは法律（①）、労働組合と使用者団体との労使関係が社会的に重視されているドイツでは労働協約（②）が、相対的に重要な役割を担っています。では、アメリカは？」

悠太「契約（④）ですか」

伊達「そう。アメリカは個別交渉によって締結される契約（④）の役割が相対的に重要になっています。そして、会社が定める就業規則（③）が重要なのは日本の特徴です」

真由「この点も、日本的雇用システムの企業共同体的な性格の強さと関係してそうですね。契約の内容が、実際には会社が定める規則によって決定されているという点で」

さくら「そうだとすると、ますます就業規則の内容をきちんと知っておくこととか、就職先選びの際に企業情報をきちんと入手して選択することが大切になりそうですね」

2 法によって守られる――「労働者」概念と「使用者」概念

そもそも労働法は、産業革命後の工業化の進展のなかで、「工場で集団的に働く労働者」を社会的モデルとして形作られていったという歴史をもつものでした「第1章」6項。しかし今日では、従来の工場労働者とは異なり、端末をもってネットワークに接続すればいつでもどこでも働ける働き方や、アプリ上の指示に従って個別に労務を提供するプラットフォームワーカーなど、さまざまな形態の働き方が出現しています。また、会社の側でも、組織のネットワーク化やビジネスのプラットフォーム化が進むなど、会社や組織の形態が細分化したり複雑化する事態が生じています。

このような労働関係の多様化・複雑化のなかで、①労働法が適用されるかどうかを決める基本概念としての「労働者」と、②労働法上の責任を追及する相手はだれかを決める基本概念としての「使用者」という二つの概念のあり方が、大きな問題となっています。

「労働者」――労働法の適用単位

日本の現在の労働法では、適用される法律の種類に応じて、三つの「労働者」概念があります。①労働基準法を始めとする労働関係法規（最低賃金法、男女雇用機会均等法、労働安全衛生法、労働者災害補償保険法、育児介護休業法など）の適用範囲を決める労働基準法上の労働者、②労働契約をめぐる判例法理およびそれを明文化した労働契約法の適用対象を決める労働契約（法）上の労働者、③労働組合法の適用対象を決める労働組合法上の労働者の三つです。

労働基準法は、職業の種類を問わず、事業に「使用される者で、賃金を支払われる者」を労働者と定義しています（九条）。この労働基準法上の労働者性を判断するうえで重要なポイントとなるのは、ⓐ「使用」性（使用者の指揮命令を受けて働いていること）とⓑ「賃金」性（労働の対償として報酬を得ていること）の二点です。この点を具体的に判断するために、裁判所は、ⓐ「使用」性について、①仕事の依頼に対して諾否の自由がないか、②業務遂行上指揮監督を受けているか、③就業の時間や場所の拘束があるか、④他人によって代替させることができないか、ⓑ「賃金」性について、⑤報酬額が労務提供の時間の長さに応じて決まっているか、ⓒその他の考慮要素として、⑥機械・器具などを会社から提供され、報酬が高額でないなど事業者性が薄いか、⑦他社での就業が禁止されるなど専属性が強いか、といった事情を総合的に考慮して、労働者にあたるかを判断しています。アルバイトでもインターンシップでも、これらの事情から「使用」され「賃金」を支払われる関係にあるといえれば、労働者として労働基準法等の適用を受けることになります。

最近の例として、アマゾンジャパンの系列会社から業務委託を受けて商品の配送を行っていた配達員（一種のプラットフォーム就業者であるアマゾン配達員）について、労働基準法上の労働者性を肯定し、労働者災害補償保険法の適用を肯定した決定があります。[4] ここで注意しておくべきことは、労働者性の判断は、契約の名称などの形式（業務委託契約か労働契約か）ではなく、就業の実態（客観的な事情）に基づいて行わなければならないことです。労働法の多くは、当事者の意思（合意）にかかわらず守られなければならない（当事者の意思や操作によって潜脱してはならない）強行的な性格をもっているからです。

労働契約法などが適用される労働契約（法）上の労働者について、労働契約法は、「使用者に使用されて労働し、賃金を支払われる者」と定義しており（二条一項）、これは基本的には、労働基準法上の労働者と同じものと考えられています。したがって、先ほど述べた労働基準法上の労働者性の判断基準が、そのままあてはまります。

これに対し、労働組合法上の労働者性については、これらより広い概念であると考えられています。労働組合法は、同法が適用される労働者を、職業の種類を問わず、「賃金、給料その他これに準ずる収入によって生活する者」と定義しています（三条）。この労働組合法上の労働者概念について、最高裁は、①労働者が事業組織に組み入れられているか、②契約内容が使用者により一方的に決定されているか、③報酬が労務の対価（賃金に準ずる収入）としての性格をもつか、という労働者の経済的従属性を基礎づける事情を考慮しつつ、これに、④業務の依頼に応ずべき関係、⑤指揮監督関係の存在、⑥事業者性の希薄さといった事情も考えあわせて判断するという枠組みを提示しました。[5] 最近の例では、料理配達人（ウーバーイーツ配達パートナー）の労働組合法上の労働者性を肯定した労働委員会命令[6]があります。

宇野「最近は、業務委託とかフリーランスの形で仕事をする人たちも増えてきてますが、そういう人たちも、契約の名称とか形式ではなく、実態で判断して労働者に当たれば、労働法の適用を受けることになるんですね」

真由「外国ではプラットフォームワーカーの労働者性を認める判決が出ているとネットでみたことがあるんですが、日本でもそういう判断が出始めてるんですね」

悠太「でも、工業化時代の工場労働者をモデルにした労働者概念って、今後も生き残っていくんでしょうか。デジタル時代にあわせて、『AIやロボットに監視されたり操作されている』かどうかでシンプルに判断するっていうのはどうでしょう？」

伊達「それ、いいかもしれないね。何のための保護かという法の趣旨とマッチすれば、そういう基準で適用範囲を決めることも、今後はありうるかもしれません」

「使用者」――労働法上の責任を負う相手

労働法上の責任を負う主体である「使用者」概念については、その義務や責任の種類に応じて、三つのものがあります。①賃金支払義務など労働契約によって基礎づけられている義務・責任を負う労働契約上の使用者、②違法な時間外労働を命じない義務など労働基準法上の義務や責任を負う労働基準法上の使用者、③労働組合と誠実に団体交渉を行う義務など労働組合法上の義務や責任を負う労働組合法上の使用者の三つです。

労働契約上の使用者は、基本的には、労働者が労働契約を締結している相手方である会社です。しかし、契約を締結している会社がペーパーカンパニーで実体がない場合や、会社を裏で実質的に操り契約責任を免れようとしている者がいる場合など、契約を締結している相手方以外に使用者としての責任を追及すべき場合もあります。そのための代表的な法技術が、「法人格否認の法理」といわれるものです。

例えば、親子会社のケースで、ⓐ親会社が子会社の株式を所有しているだけでなく、ヒト（人事）・カネ（財務）・シゴト（業務執行）等の面でも子会社を支配・管理し、子会社の法人格が全くの形骸《けいがい》にすぎない場合（法人格形骸型）や、ⓑ子会社を背後から支配して労働条件等を具体的に支配・決定する力をもち、その法人格を違法・不当な目的で（例えば組合をつぶすためや賃金債務を免れるために）濫用した場合（法人格濫用型）に、子会社の法人格を否認し、労働者が親会社に直接契約責任を追及することを認めるものです。会社法の制定により、会社の設立が容易になった分、この法理による法人格の操作や濫用のチェックの必要性は高まっています。

労働基準法上の使用者とは、労働基準法違反の罰則や行政監督の対象となる使用者のことをいいます。労働基準法はこれを、「事業主」または「事業主のために行為をするすべての者」と定義しています（一〇条）。このうち、「事業主のために行為をするすべての者」とは、労働基準法が規制する事項について実質的な権限をもっている者を指します。例えば、時間外労働を命じる権限をもっている課長が、同法違反となる残業を部下に命じた場合、この課長が同法違反の実行行為者として責任を問われることになります（行為者罰制度）。

労働組合法上の使用者は、原則として、労働契約を締結している相手方である会社（労働契約上の使用者）を指しますが、この原則には例外があります。代表的な例外として、最高裁は、労働条件等について「現実かつ具体的に支配・決定できる地位にある者」がいる場合には、その労働条件等については、その者が不当労働行為の主体である使用者にあたると解釈しています（朝日放送事件・最高裁一九九五年二月二八日判決）。実質的に支配している者が労働契約上の使用者以外にいる場合には、実質的な権限をもっていない労働契約上の使用者とだけ団体交渉を行っても、労働条件の対等決定という法の趣旨は実現されないからです。

真由「会社の存在形態が複雑化していて、契約を結んでいる会社が実質的な権限をもっていないこともあるから、その実態に沿って責任追及の相手方を広げていこうという法的な動きがあるんですね」

宇野「最近は、国境を超えた『ビジネスと人権』の動きも注目されてます。うちの会社や取引先でも、原材料や部品の調達から商品の製造、販売に至るサプライチェーンのなかで、児童労働、強制労働や差別などの人権侵害がないかを調査して情報を開示する人権デューディリジェンスを実施するところが増えてます。現時点ではただちに企業の法的責任を問うものにはなっていませんが、投資家や消費者などのステークホルダーに対する企業の社会的責任として、取引先からの問い合わせも多くなっています」

さくら「前に出てきた企業のパーパス経営〈「第2章」12項〉ともつながってそうですね」

3 働く条件を改悪させない

労働契約は、売買契約など他の契約とは違って、継続性をもつという特徴があります。それゆえ、外部環境の変化にあわせて、契約内容を柔軟に変更することが必要になる事態がしばしば生じます。その際に、経済的にも情報面でも優位に立つ会社側が、契約内容を会社に有利に変更しようとすることがあります。労働契約の内容はどのような形で変更され、また、労働者に不利な変更にはブレーキがかけられるのでしょうか。

就業規則による労働条件の不利益変更

労働契約は、継続性とともに集団性という特徴をもっています。会社が多数の従業員を雇い労務管理や事業経営を行っていくうえで、労働条件を集団的に設定し管理する必要性があることは否定できません。この集団的な労働条件の設定・管理の手段として日本で用いられているのが、就業規則です本章1項。

会社が労働条件を集団的に変更しようとする場合、就業規則の変更によってこれを行うことが一般的です[7]。就業規則による労働条件の変更について、これに反対する労働者がいる場合に、労働契約の内容は有効に変更されるのかが大きな問題となりました。この点について、最高裁は、一九六八年一二月二五日の秋北バス事件判決で、就業規則による労働条件の不利益変更は原則として許されないが、労働条件の統一的・画一的決定を建て前とする就業規則の性質から、当該条項が合理的なものである限り、個々の労働者がその適用を拒否することは許されないとの解釈を示しました。就業規則の変更内容が合理的であれば、契約内容を有効に変更できることを明らかにしたのです。その後、この解釈を基礎とした判例の蓄積を経て、二〇〇七年に制定された労働契約法は、就業規則による労働条件の不利益変更は、労働者に周知し、かつ、変更が合理的なものであるときは、労働契約の内容になるという形で、この判例法理を法文化しました（九条・一〇条）。

ここで実際に問題になるのが、変更の「合理性」の中身です。この合理性は、①労働者の不利益の程度、②変更の必要性、③変更後の内容の相当性、④労働組合等との交渉状況などを総合考慮して判断するものとされています。近時の例では、歩合給と家族手当を廃止し運行時間外手当（一種の固定残業代）を創設する就業規則変更について、①労働者の不利益の程度は著しく、②給与水準を引き下げる本件変更をすべき高度の必要性は認められないこと等からすれば、④本件変更に従業員の約七三％が承諾していたことを踏まえても、変更の合理性は認められないとしたものがあります（栗田運輸事件・東京高裁二〇二一年七月七日判決）。特に、労働者の不利益が大きい変更（①）については、変更の高度の必要性（②）とともに、不利益の緩和措置や経過措置の実施などを含めた変更内容の相当性（③）が重要な判断要素となります。

労働者の個別同意による労働条件の変更

近年さらに問題となったのは、会社が労働者から個別の同意を得ることによって、労働条件を不利益に変更することができるかです。就業規則変更の合理性が争われた場合、それが認められるかどうかは裁判所の判決が出るまでわかりません。そこで、会社としてより確実に労働条件を変更することをねらって、労働者一人ひとりから同意（変更同意書への署名押印など）を得て労働条件を変更しようとする動きが広がったのです。

最高裁は、労働条件を不利益に変更する場合でも、労働者と使用者との個別の合意によって変更できると述べたうえで、労働者の同意の有無については、①不利益の内容・程度、②受入れ行為に至った経緯・態様（断りにくい状況・雰囲気のなかで署名させられたこと等）、③受入れ行為に先立つ労働者への情報提供・説明の内容などに照らして、受入れ行為が労働者の自由意思によると認めるに足りる合理的な理由が客観的に存在するか否かという観点から判断されるべきとしました（山梨県民信用組合事件・最高裁二〇一六年二月一九日判決）。法人の合併に伴う退職金支給基準の見直しが問題となったこの事件では、使用者から具体的な不利益の内容と程度（自己都合退職の場合退職金額がゼロ円となる可能性があること）について情報提供や説明がされる必要があった（③）として、労働者の自由意思に基づく同意の存在を否定しました。会社による情報提供・説明責任（アカウンタビリティ）を重視しつつ、労働者が署名押印をしていても容易には同意の存在を認めない裁判所の態度を明らかにしたものといえるでしょう。

宇野「個人で同意書に署名押印してても、同意があったとは認めないのはすごいですね」

真由「会社と労働者とでは情報格差が大きいので、事前に会社のほうからちゃんと具体的な情報を提供して説明しておかないと、労働者の署名押印だけでは足りないということですね」

さくら「一つ気になるのは、労働者性もそうだったし、就業規則変更の合理性もそうなんですけど、判断基準がたくさんあって判断が難しい。実際に裁判所に行って判決をもらわないとどっちなのかわからないということになると、裁判で争う余裕がない人たちは我慢しなきゃいけないってことになっちゃうんじゃないですか」

伊達「そうだね。そこが、日本の労働法の一つの大きな問題点です。労働組合が交渉をして労使自治で解決したり、紛争解決機関が身近にあってすぐに解決してくれたらいいんだけど、そこらへんも日本では十分に機能してないからね」

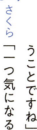

4 差別させない——人権保障と差別禁止

悠太「最近は、ＬＧＢＴＱ[8]や見た目差別（ルッキズム）が社会的に問題となっていますが、働くうえでも差別の禁止は徹底されているんでしょうか」

さくら「日本企業の共同体的性格からすると難しい気もするけど、最近はそれも変わってきてるのかな」

職場における人権保障の枠組み

日本企業の多くは、構成員の和（信頼関係）を重んじる企業共同体的な性格をもっていました「第1章」3項「第2章」2項。それゆえ、その内部での構成員（労働者）個々人の人権や、外部とのつながりを意識した組織の透明性・開放性という視点は、必ずしも強く意識されてはいませんでした（共同体による個人の抑圧と組織の閉鎖性）。しかし、そのような実態であるからこそ、労働者の人権保障とそれを通じた組織の透明性という視点は、規範的にはより重要だといえます。

職場における人権保障の伝統的な枠組みは、大きく二つあります。

第一に、憲法が保障している人権（個人の尊厳〔一三条〕、法の下の平等〔一四条〕、奴隷的拘束・苦役からの自由〔一八条〕、思想・良心の自由〔一九条〕、信教の自由〔二〇条〕、表現の自由〔二一条〕、職業選択の自由〔二二条〕、団結権・団体交渉権・団体行動権〔二八条〕など）を著しく侵害する行為については、公序良俗違反として無効となり（民法九〇条）、不法行為として損害賠償責任を発生させる（民法七〇九条）と解釈されています。例えば、会社が理由なく従業員の兼業を禁止する規則を定めることは、従業員の職業選択の自由を侵害するものとして無効と解されます。

第二に、労働基準法は、会社による前近代的な人権侵害をなくすために、「労働憲章」と呼ばれる規定を定めています。強制労働の禁止（五条）、中間搾取の排除（六条）、公民権の保障（七条）、契約期間の制限（一四条）、違約金・賠償予定の禁止（一六条）、前借金相殺の禁止（一七条）、強制貯金の禁止（一八条）、寄宿舎生活の自由（九四条）などです。例えば、約束した期間の途中で辞める場合には一〇〇万円支払ってもらうとの規定や、営業上損害を発生させた場合は賠償金を支払ってもらうとの規定などは、違約金・賠償予定の禁止に反するものとして違法・無効とされます。

これらの伝統的な人権保障の枠組みに加えて、近年では、法律による雇用差別の禁止、職場におけるいじめ・嫌がらせ（ハラスメント）の防止〈本章5項〉、労働者のプライバシー・

個人情報の保護〈本章6項〉などについても、労働者の人権保障にかかわる重要な問題として取組みが進められています。

法律による雇用差別の禁止

なかでも、労働者に対する差別の禁止は、世界的に、労働法の大きな柱の一つとして位置づけられています。例えば、アメリカでは、一九六四年の公民権法第七編（Title Ⅶ）によって人種、皮膚の色、宗教、性別、出身国を理由とした差別の禁止、一九六七年の雇用における年齢差別禁止法（ADEA）によって年齢を理由とする差別、一九九〇年の障害をもつアメリカ人法（ADA）によって障害を理由とする差別、二〇〇八年の遺伝子情報差別禁止法（GINA）によって遺伝子情報を理由とする差別が、採用から退職まで雇用の全局面で禁止されています[9]。EUでは、一九七六年の男女均等待遇原則指令によって性別を理由とする差別、二〇〇〇年の人種・出身民族差別禁止指令によって人種・出身民族による差別、同年の均等待遇枠組指令によって宗教・信条、障害、年齢、性的指向を理由とする差別を、採用から退職まで雇用の全局面で禁止するよう加盟国への義務づけがなされ、それに従って各国の国内法が整備されています。

これに対し、日本には、雇用差別を包括的に禁止する立法はありません。雇用差別を明示的に禁止する立法としては、次のような個別の法律規定が存在するのみとなっています。

すなわち、①一九四七年に制定された労働基準法による国籍、信条、社会的身分を理由とする労働条件差別の禁止（三条）、性別を理由とする賃金差別の禁止（四条）、②一九八五年に制定されその後改正を重ねた男女雇用機会均等法による賃金以外の局面での性別を理由とする差別の禁止（五条・六条）、性別以外を理由とするが実質的に性差別となるおそれがあるもの（「間接差別」）の原則禁止（七条）、婚姻・妊娠・出産等を理由とする不利益取扱いの禁止（九条）、③二〇〇七年の雇用対策法改正（現行では労働施策総合推進法）による労働者の募集・採用に年齢条件を付けることの原則禁止（九条）[10]、④二〇一三年の障害者雇用促進法改正による障害者であることを理由とする雇用差別の禁止（三四条、三五条）、障害の特性に応じた合理的配慮を講じる事業主の義務（三六条の二、三六条の三）です[11]。このように、日本の雇用差別禁止立法は、欧米諸国のそれと比較すると、法律が散発的で体系性に欠けるという特徴があります。

近時の動き

日本の雇用差別禁止立法にはまだまだ課題はたくさんありますが、同時に、新たな動きもみられています。

一つは、企業が自社の問題状況を把握・分析して状況改善に向けた計画的な取組みと情報の公表を行うことを義務づけ、優れた取組みを行う企業には認定マークを付与するという市場誘導型の政策の推進です。二〇〇三年に制定された次世代育成支援対策推進法は「子育て支援」、二〇一五年に設定された女性活躍推進法は「女性活躍推進」という観点からこのような政策を展開していて、前者においては「トライくるみん」「くるみん」「プラチナくるみん」、後者においては「えるぼし」「プラチナえるぼし」という認定マークを付与しています「第3章」3項。

もう一つは、性的指向（LGBTQ）に関する法律の制定です。国会でのさまざまな議論を経て、二〇二三年にLGBT理解増進法（性的指向及びジェンダーアイデンティティの多様性に関する国民の理解の増進に関する法律）が制定されました。この法律は、性的指向（LGBTQ）を理由とする差別を禁止する法律になるには至りませんでした。しかし、同法は、性的指向及びジェンダーアイデンティティを理由とする不当な差別はあってはならないとの基本理念を定め（三条）、性的指向の多様性に関する労働者の理解を増進するために企業自らが普及啓発、就業環境の整備、相談機会の確保等に努めるべきことを定めている点で、性的指向を理由とする差別の禁止に向けた一歩をしるしたものといえるでしょう。

さらに、差別禁止そのものではありませんが、個人情報保護の観点から、社会的な差別や偏見のもとになる情報については、その収集に規制をかけるという動きが強まっています「第3章」4項本章6項。

さくら「日本で、欧米諸国と比べて差別禁止が不十分なのは、年齢差別と性的指向差別の禁止でしょうか。あと、アメリカとの比較では、遺伝子情報差別の禁止というのもありますね」

悠太「見た目差別は、日本だけじゃなくて、欧米でも法律では禁止されてないんですね。(12) 人を見た目で差別しちゃいけないって、小学校のころからずっと言われてきてるんですが」

宇野「法律で禁止されていなくても、社内では、プライベートのことをいろいろ詮索《せんさく》しちゃいけないとか、差別的なことを言ったりしたりしちゃいけないっていう意識とか雰囲気は高まっている気がします。何かあると『ハラスメント』って言われる可能性もあるので」

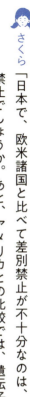

5 ハラスメントをさせない
――いじめ・嫌がらせからの保護と内部告発の保護

いじめ・嫌がらせ（ハラスメント）をさせないというのも、労働者の人権保障のための重要な課題です。特に企業が閉鎖的な共同体社会という性格をもっているときに、この問題は深刻な形で現れます。

ハラスメントには、セクハラ、マタハラ、パワハラ、カスハラなどさまざまな名称・態様のものがあります。法律上は、会社（事業主）に、①性的な言動によるハラスメント（男女雇用機会均等法一一条）、②妊娠、出産、育児・介護休業等の取得を理由とするハラスメント（育児介護休業法二五条、男女雇用機会均等法一一条の二など）、③職場の優越的関係に基づく言動によるハラスメント（労働施策総合推進法三〇条の二）を防止するために必要な措置をとることが義務づけられています。また、④顧客・取引先等によるハラスメントについても、同様の防止措置を義務づけることが検討されています。これらのハラスメント防止措置義務は、国が会社に対して義務づける行政取締的な性質をもつものと考えられています。

ハラスメントが暴力行為等にわたり刑法上の犯罪（暴行罪〔二〇八条〕、強要罪〔二二三条）、威力業務妨害罪（二三四条）、強制わいせつ罪（一七六条）など）にあたる場合には、加害者は刑事責任を負います。

また、加害者のいじめ・嫌がらせ行為が、被害者の人格的利益、具体的には「働きやすい職場環境で働く利益」などを侵害する場合には、被害者は加害者に対して不法行為（民法七〇九条）として損害賠償を求めることができます。例えば、上司が部下を大きな声で叱責《しっせき》する行為は、業務上の必要性に基づくものであったか、必要性に基づく指導であったとしても相手方の人格を必要以上に抑圧するものでなかったかという観点から、違法なパワハラにあたるかどうかが判断されます。

このハラスメントの発生について、会社が十分な予防措置をとっていなかった場合には、被害者は会社に対し、信義則（民法一条二項）上負っている職場環境配慮義務に違反したとして、損害賠償を求めることもできます。例えば、上司や同僚がいじめ・嫌がらせにあたる言動を繰り返していた場合、許容範囲を超える執拗《しつよう》な退職勧奨や嫌がらせで退職を強要した場合などで、会社の損害賠償責任が肯定されています。

宇野　「ハラスメントって、いま職場で一番問題になっているテーマだと思います。加害者の目線じゃなくて被害者の目線で考えなきゃいけないって研修を受けてますし。

真由

最近では、お客さんや取引先からの不当なカスハラに対して、会社として毅然《きぜん》とした対応をとって従業員を守ることも大切というルールの整備も進められてます」

「アルバイトや就活のときにもハラスメントがあるから、気をつけたほうがいいっていわれてます。被害者にならないように、相談窓口〈本章16項〉をちゃんと知っておいたほうがいいですね」

内部告発者の保護

会社が不正をはたらいているときに、それを知った従業員等が内部告発を行い、不正をただそうとすることがあります。この内部告発は、企業のコンプライアンス（法令遵守）を高め、ひいては公共の利益につながるという側面をもちます。しかし他方で、内部告発は会社の名誉・信用を損なうという側面をもつため、会社が告発者を処分したり、嫌がらせをしてこれを隠蔽《いんぺい》しようとすることもあります。そこで、告発者の人権を保護し、公共の利益を守ることが重要な法的課題となります。

このような観点から、二〇〇四年に公益通報者保護法が制定されました（二〇二〇年に改正され二〇二五年にも改正が予定されています）。この法律は、会社で犯罪または行政罰にあたる行為が発生しまたは発生しようとしていることを、同法が定める方法で「公益通報」した労働者などに対して、そのことを理由として解雇などの不利益取扱いをすることを禁止するものです（三条、五条）。また同法は、会社など一定の事業者に、公益通報に適切に対応するために必要な体制を整備することも義務づけています（一一条以下）。
なお、公益通報者保護法が適用される「公益通報」に該当しない場合でも、内部告発行為に対する懲戒処分等について従来展開されてきた裁判例上の保護は及びます。すなわち、①告発内容が真実でありまたは真実と信ずべき相当の理由があるか（事実の真実性・真実相当性）、②告発の目的が公益性を有するか（目的の公益性）、③告発の手段・態様が相当なものであったか（手段・態様の相当性）などを総合的に考慮して、その内部告発が正当なものと認められれば、仮に会社の名誉・信用が毀損《きそん》されたとしても、その労働者に懲戒処分等を科すことはできないと解されています。

真由 「内部告発があったときに、告発者捜しをして不正を隠蔽しようとするか、不正の原因を究明して会社のコンプライアンスを高めようとするかで、その会社の体質とか未来がわかるような気がします。会社選びの際に、そういう点への対応もわかったらいいですね」

宇野 「うちでも、社内で不正と思われる行為があったらすぐにコンプライアンス通報窓口に通報してください、っていわれてます。不正経理から残業代不払いまで、いろんな通報が行われているみたいです」

さくら

「不正の隠蔽って、日本企業の共同体的体質と関係している気がしますが、そういうのがこれからなくなっていったら、日本社会全体がよくなっていくことにつながるかもしれないですね」

6 プライバシー・個人情報を守る

働いている人の人権として、プライバシーや個人情報を守ることも大切です。

プライバシーとは、個人の私的な事情に干渉されないこと、または私的な情報を自分でコントロールできることを指します。例えば、家族、恋愛、趣味、思想、宗教や病気などのことについて詮索を受けないことや、家族情報を誰かに提供したとしてもその利用や他人への提供などを勝手にさせないことです。個人情報とは、個人の私的な情報のうち個人の識別を可能とするものを指します。氏名、生年月日、住所、電話番号、メールアドレス、マイナンバー、血液型、病歴、犯罪歴、趣味、顔画像などの情報は、それによって（他の情報と照らし合わせることも含めて）その人が誰なのかを判別することを可能とするものであり、個人情報にあたります。

基本的に、これらの情報を保護することは大切ですが、会社が業務を遂行するうえでは、従業員の個人情報を知り利用することが必要な場合もあります（例えば、緊急連絡先として電話番号やメールアドレスを知ること、定年との関係で生年月日を知ること、家族手当を支給するために家族構成を知ることなど）。会社側の業務上の必要性と従業員側のプライバシーや個人情報の保護がぶつかりあうことがあるのです。

プライバシーの保護

労働者のプライバシーの保護をめぐっては、裁判例上、次の二つの点を基軸として判断が展開されています。

第一に、会社が業務を遂行するうえで、労働者のプライバシー(広い意味では人格的利益)を侵害する行為があった場合には、労働者は会社に対し不法行為(民法七〇九条)として損害賠償を請求することができます。例えば、会社が労働者の思想調査のために監視・尾行を行うこと、上司が部下の異性関係が乱れているとの発言をしその噂を内外に流すこと、携帯電話のナビシステムを利用して勤務時間外に労働者の居場所を確認すること、業務上の必要性がないのに会社が労働者に対しＨＩＶ抗体検査やＢ型肝炎ウィルス感染検査を行うことは、労働者のプライバシーを侵害する違法な行為にあたるとされています。

ただし、第二に、会社側の業務上の必要性と労働者側の不利益の大きさとを比較して前者の方が大きい場合には、会社の行為は社会的に相当であり違法性がないとされる(会社は責任を免除される)ことがあります。例えば、会社が従業員の電子メールの監視を行うことについては、私的利用の程度、監視の目的・手段・態様などを考慮して、社会的な相当といえる範囲を逸脱していない場合には、プライバシー侵害にはならないとされています。また、従業員が金品を隠匿しないようにするために行われるポケットや所持品の検査については、合理的な理由に基づいて一般的に妥当な方法と程度で実施される場合には、違法とはいえないとされています。

個人情報の保護

二〇〇三年に制定された個人情報保護法は、会社が労働者の個人情報を取り扱うことにも適用されます。同法が個人情報を取り扱う事業者に課している義務は、①個人情報の利用目的の特定（一七条一項）、②本人の同意のない目的外利用の禁止（一八条一項）、③不正利用の禁止（一九条）、④不正取得の禁止（二〇条一項）、⑤利用目的の本人への通知または公表（二一条一項）、⑥個人データの正確・最新保持と安全管理等（二二条～二五条）、⑦本人の同意のない個人データの第三者提供の原則禁止（二七条）、⑧保有個人データの本人への周知と利用目的の通知（三二条）、本人への開示（三三条）、本人による内容の訂正・追加・削除請求（三四条一項）、違反・不適正な場合の本人による利用停止・消去請求（三五条一項）です。個人情報の不正取得の禁止（④）については、とりわけ要配慮個人情報（人種、信条、社会的身分、病歴、犯罪歴、犯罪被害事実、障害、健康診断結果、保健指導、診療・調剤情報、逮捕等の刑事事件手続等の記述が含まれる個人情報）の取得には、法令に基づく場合等を除き、本人の同意を要することとされています（二〇条二項）。

実際に裁判で問題となった例としては、病院勤務の看護師について、診療目的（①）で取得したＨＩＶ感染等の情報を院内感染の防止を目的として病院職員らに伝達したことは、個人情報の目的外利用（②）にあたるとして、使用者（医療法人）に損害賠償を命じたもの（社会医療法人天神会事件・福岡高裁二〇一五年一月二九日判決）、パワハラの証拠（①）として提出した日記のコピーを他に閲覧させ交付したことは、個人情報の目的外利用（②）にあたるとして、使用者に損害賠償を命じたもの（京丹後《きょうたんご》市事件・京都地裁二〇二一年五月二七日判決）などがあります。

さくら「働く人のプライバシーや個人情報も、むやみに詮索されたり勝手に利用されたりしないという点では、保護されるようになってるんですね」

宇野「社内でもプライバシーへの意識は高まってきてますが、会社によってはコンプライアンス意識が低いところもまだあるので、実態はまちまちかもしれないですね」

真由「個人情報の保護で、本人の同意が必要っていわれてますが、実際にはスマホとかパソコンで、内容をちゃんと確認しないですぐに『同意する』をクリックしてることがほとんどで、どんどん個人情報がもっていかれて利用されているのが実態なんじゃないかと思います。『本人の同意』以外の歯止めも必要なんじゃないでしょうか」

7 賃金をもらう

働くことの対価として支払われる賃金は、合意（契約）によって発生します。例えば、賃金（基本給）を月給で支払うか日給や時給で支払うか、賞与・退職金・諸手当などを支払うかどうかは、契約によって自由に決められるのです（賃金決定の自由）。

しかし、当事者に完全に委《ゆだ》ねておくと、労働者の弱みにつけこんで賃金が買い叩《たた》かれたり、賃金が安定的に支払われずに生活が不安定になったりします。そこで、最低賃金法や労働基準法などの法律で、賃金の額や支払いについて一定の保護・規制が定められています。賃金をめぐる法的問題のポイントは、①賃金はどのような根拠で発生するのか、②有効に発生した賃金に対してどのような法規制がかけられているかの二点にあります。

賃金の発生根拠

賃金の支払いを法的に請求できる根拠は、当事者間の合意（契約）にあります。一般には、就業規則に賃金に関する定めがあったり、個別に締結される労働契約書に賃金についての記載があったりすることが多く、それに基づいて賃金請求権が発生します。その他にも、労働協約の定めや、黙示の合意の存在（例えば同じ計算方法で長年にわたり会社のルールと認識されて賞与が支給されてきた場合など）によって、賃金を請求する権利が認められることがあります本章1項。

真由「私、アルバイトをしてて、他の人はもらっている食事手当とか通勤手当をもらえないことがあったんですが、そういうときは就業規則とか労働契約書に支給の根拠規定があるのか、あるとすればどういう規定になっているかを、きちんと確認しなきゃいけなかったんですね」

悠太「まさに『法学部』って感じだけど、法学部以外でも知っておいたほうがよさそう」

賃金請求権に根拠があったとしても、労働者が働けなくなった場合には、働けなくなったことについて会社側に責任があるかどうかによって、賃金の支払いを求めることができるかどうかが決まります（民法五三六条二項）。例えば、違法な解雇によって働けなくなった場合や、会社側の過失で工場が火事になり働けなくなった場合には、会社側に責任がある就労不能として、労働者は賃金の支払いをそのまま求めることができます。逆に、労働者の責任や地震・台風などの不可抗力によって働けなくなった場合には、他に賃金請求権を基礎づける根拠がない限り、賃金の支払いを求めることはできません。

賞与や退職金について

一般に、年に二回支払われる賞与や、退職時に支払われる退職金については、就業規則などで条件がつけられていることが少なくありません。例えば、賞与に「支給日に在籍している者に対して支給する」という条件や、退職金に「懲戒解雇された者およびそれに準ずる重大な非違行為をした者には支給しない」という条件がつけられていることです。

これらの場合、まず、これらの条件をつけることが有効か（就業規則規定として合理的か）が問題となります。この点は、賞与や退職金の趣旨に照らして判断されます。例えば、賞与や退職金が賃金の一部を別建てにして後でまとめて支払う「賃金後払い」的な性格をもつ場合には、支給日に在籍しないとか、後で悪いことをしたという理由で賃金を取り上げるのは合理的とはいえないでしょう。これに対し、これからもがんばって働きましょうという「勤労奨励」的な性格やこれまでの功労に報いるために支払う「功労報償」的な性格をもつ場合には、もう在籍していない人や、悪いことをして功労に傷をつけた人に支払わないことも合理的といえそうです。裁判例の多くは、賞与の勤労奨励的性格や退職金の功労報償的性格などを踏まえて、これらの不支給規定を合理的と判断しています。

もっとも、これらの不支給規定が合理的であったとしても、それはつねに字句通りに適用されるわけではなく、その趣旨に照らして限定的に解釈・適用されることがあります。例えば、功労報償的な性格をもつ退職金について、過去の功労を傷つけるような非行や規則違反行為があったとしても、ただちに全額不支給とすることが許されるわけではなく、その悪性の度合い（功労を傷つけた程度）などに照らして、退職金の全額または部分的な支払いが命じられることがあります。例えば、痴漢行為で有罪判決を受け懲戒解雇された鉄道会社の従業員に対しても、退職金の三割を支給すべきとした判決があります（小田急電鉄事件・東京高裁二〇〇三年一二月一一日判決）。

宇野「先輩たちが転職するときに、七月とか一二月に会社を辞めることが多いんですが、これって、賞与の支給日在籍要件があるから、賞与をもらってから辞めてるってことなんですね」

伊達「支給日に在籍してなければ賞与は絶対もらえないということにはならないかもしれないけど、法的な紛争を避けるためにも、支給日に賞与を確実にもらってから転職する人が多いのは事実だね。転職する人にはそういう知識をもっている人が多いってことだね」

賃金に対する法規制

最低賃金法や労働基準法などの法律は、契約上有効に発生している賃金に対して、その額や支払方法などの面で次のような規制を定めて、労働者の地位や生活の安定を図っています。

最低賃金法は、賃金が低くなりすぎることや、企業間で不公正な競争が行われることを避けるために、賃金の最低額を設定しています。この最低賃金には、都道府県ごとの地域別最低賃金と、特定の産業ごとに地域別最低賃金を上回る最低賃金を定める特定産業別最低賃金の二種類があります。前者の地域別最低賃金（時間額）については、例えば二〇二五年三月時点では、最も高いのは東京都の一一六三円、最も低いのは秋田県の九五一円（全国加重平均は一〇五五円）となっています。これを下回る賃金を定めた場合、賃金額は最低賃金の額に修正され（四条二項）、使用者には罰金刑が科されます（四〇条）。

労働基準法は、会社に賃金を確実に支払わせ、労働者の経済生活の安定を図るため、賃金は、①通貨で、②労働者に直接、③賃金の全額を、④毎月一回以上一定の期日を定めて、支払わなければならないという四原則を定めています（二四条）。このうち、賃金全額払原則（③）については、会社が労働者に対してもっている請求権と賃金とを相殺することを禁止する趣旨も含むと解されており、例えば、会社が労働者に対し賃金から損害賠償金を差し引くとして賃金を減額することも原則として許されないとされています。このほか、労働基準法は、労働者の出産・疾病など非常時の費用に充てるための支払期日前の賃金の支払い（二五条）、会社の責任による休業時の休業手当（平均賃金の六割）の支払い（二六条）、出来高払制がとられているときの一定額の賃金保障（二七条）も定めています。

真由「最近、最低賃金が毎年大きく上がって注目を集めてますね。そのおかげで、アルバイトの時給もかなり上がってきてます」

宇野「でも、日本の最低賃金は、他の先進諸国よりまだまだ低いっていわれてますよね。大企業は最低賃金の大きく上を行っているところが多いと思いますが、最低賃金の近くに張りついている中小企業は多いと思います」

悠太「ということは、中小企業の生産性の低さが日本の最低賃金が低い原因なのですか」

伊達「それもあるかもしれないけど、日本の重層下請構造のなかで中小零細企業が大企業から買い叩かれていることも原因かもしれないね。最低賃金引上げによる中小企業の人件費アップ分を、大企業が取引価格の引上げという形でなかなか受け容《い》れてくれないことが、問題になってるよね」

さくら「日本的産業システムの系列取引〈「第2章」1項〉が、まだまだ残ってるんですね」

8 労働時間のルール

賃金と並んで最も重要な労働条件といえるのが、労働時間です。

とりわけ日本では、労働時間の長さが、働く人の健康を害するとともに、ゆとりある生活を送ることを妨げ、働きがい（エンゲージメント）の低さや少子化の原因になってきたともいわれています「第2章」9項・10項・11項。この問題に対処するために、「健康経営」などの取組みが進められる「第2章」12項とともに、「働き方改革」が行われています。

法制度としては、労働基準法が、労働時間に関するさまざまな規制を定めています（その全体像については273ページの図表6参照）。労働時間をめぐる法的な問題は、①労働時間規制が適用される「労働時間」とはどういう時間か、②労働時間規制の原則的な枠組み（法定労働時間・休憩・休日の原則）とはどのようなものか、③労働時間規制の特則（労働時間規制を柔軟化する制度）とはどういうものか、という大きく三つに整理できます。

「労働時間」とは何か

労働基準法の規制が適用される「労働基準法上の労働時間」とは、会社が労働者を「労働させ（る）」時間（＝実労働時間）を指します（労働基準法三二条参照）。判例は、これを「労働者の行為が使用者の指揮命令下に置かれたものと客観的に評価できる時間」と定義しています（三菱重工長崎造船所事件・最高裁二〇〇〇年三月九日判決）。

例えば、ビル警備員の夜間の仮眠時間は、仮眠室にいなければならず、かつ警報や電話が鳴った場合に対応しなければならない場合には、労働時間にあたるとされています。作業前後に作業服や安全用具を着脱する時間も、事業場内でそれを行うことが義務づけられている場合には、労働時間にあたります。いわゆる持ち帰り残業や自発的残業も、会社側の黙認や許容があった場合には、労働時間に該当します。

所定労働時間外の研修・教育活動への参加についても、職務との関連性があり、会社の指示を受けて参加している場合には、労働時間にあたります。ポイントは、ⓐ職務と同視できること（「労働」）を、ⓑ会社の指示や黙認の下で行っている（「させ（る）」）か否かにあります。

労働時間規制の基本的枠組み――法定労働時間・休憩・休日の原則

会社は、労働者に、休憩時間を除いて、一週四〇時間を超えて労働させてはならず、か

【図表６】労働時間法制の全体像

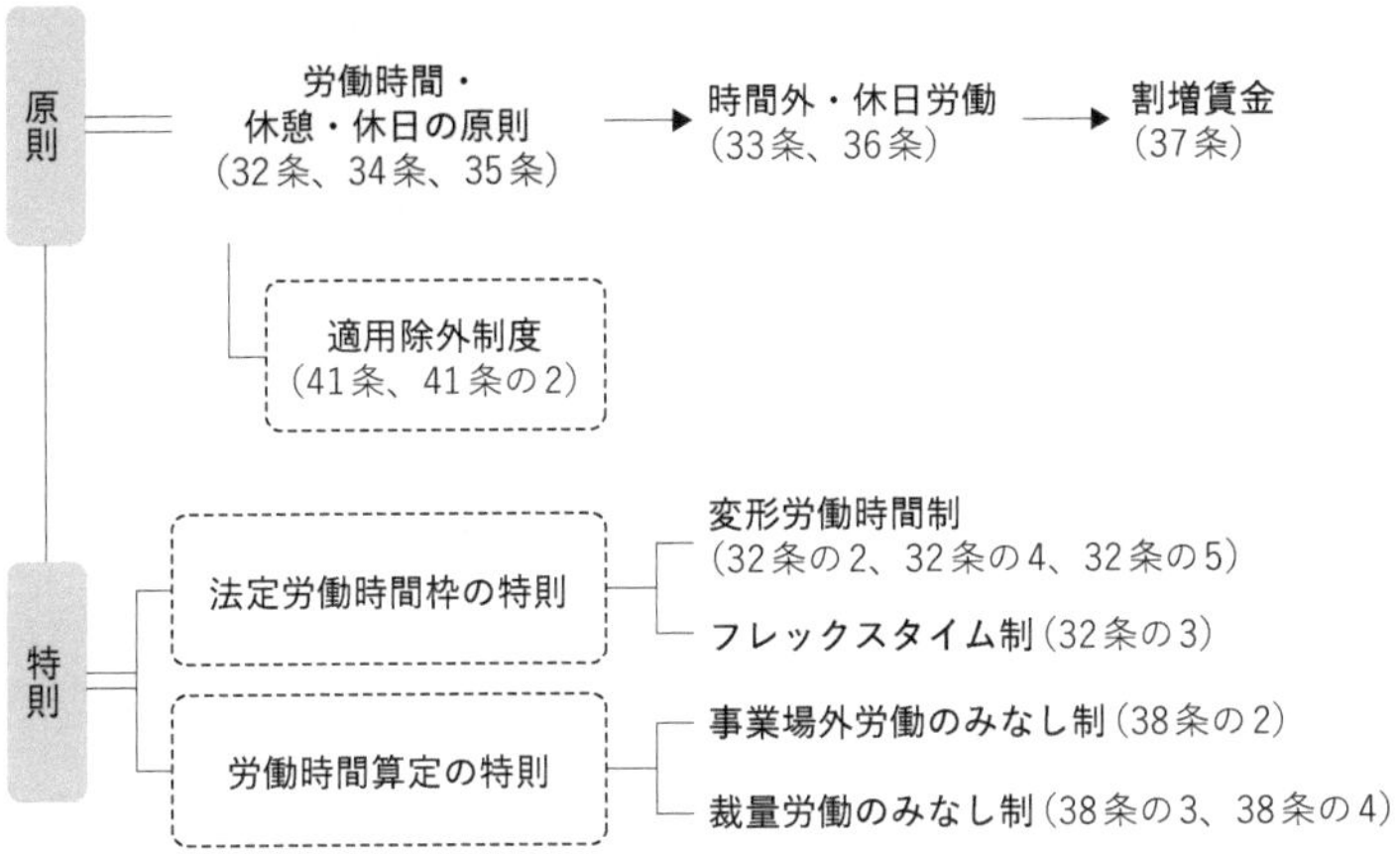

つ、一日八時間を超えて労働させてはいけません（労働基準法三二条）。これを超える労働をさせるときは、法律上の要件を満たさなければならず（三六条など）、かつ、割増賃金を支払わなければなりません（三七条）。

会社は、労働時間が六時間を超え八時間以内の場合には少なくとも四五分、八時間を超える場合には少なくとも一時間の休憩を、労働時間の途中に与えなければなりません（三四条一項）。この休憩時間は、原則として事業場の全労働者に一斉に与えなければならず（同条二項。労使協定による例外あり）、労働者に自由に利用させなければなりません（同条三項）。

使用者は、労働者に毎週少なくとも一回の休日を与えなければなりません（三五条一項)。ただし、四週間を通じ四日以上の休日を与える場合には、この週休一日原則は適用されません（同条二項)。

適用除外――「管理監督者」等と「高度プロフェッショナル」

労働基準法は、これらの原則的な法定労働時間・休憩・休日の規制が適用されない労働者の存在を認めています。①農業・畜産業・水産業に従事する労働者、②管理監督者および機密事務取扱者、③監視・断続労働従事者（③は行政官庁の許可を得た者に限る）の三類型です（四一条)。とりわけ、管理監督者（②）については、会社が労働者を広く「管理職」と位置づけ、長時間労働に対する割増賃金の支払いを免れようとする「名ばかり管理職」問題が、社会問題となりました。この問題について、裁判所は、「管理監督者」にあたるかどうかは、ⓐ労務管理上の会社（使用者）との一体性（経営上の重要事項に関する権限や責任をもっていること)、ⓑ労働時間管理（出社・退社時間の拘束など）を受けていないこと、ⓒ管理監督者にふさわしい処遇（地位にふさわしい管理職手当の支給など）を受けていることなどを考慮して決定しています。実際の裁判例では、部長や課長の肩書きをもつ者、店舗の店長やマネージャーの地位にある者などについて、これらの事情（ⓐからⓒ）がそろっていないことから、管理監督者性を否定し、時間外・休日労働に対する割増賃金の支払いを命じることが少なくありません（日本マクドナルド事件・東京地裁二〇〇八年一月二八日判決など）。

二〇一八年の働き方改革関連法は、この従来の三つの類型の適用除外（①から③）に加えて、高度の専門的知識を要する金融商品のトレーダー・ディーラー、新技術の研究開発などの業務で、年間賃金額見込みが一〇七五万円以上の者について、健康管理、本人同意、労使委員会の決議などを要件に、深夜労働の規制を含めた適用除外を認める「高度プロフェッショナル制度」を導入しました（労働基準法四一条の二）。

時間外・休日労働の要件（三六協定など）と割増賃金

適用除外の対象となっていない一般の労働者について、法定労働時間や休日の原則を超えて時間外・休日労働をさせるときには、法律上定められた方法をとり、割増賃金を支払わなければなりません。

時間外・休日労働を可能とする方法として、労働基準法は、①災害など避けられない事由で臨時の必要があり、労働基準監督署長がこれを許可する場合（三三条）と、②事業場の過半数代表との労使協定（いわゆる三六協定）を締結し、労働基準監督署長に届け出た場合（三六条）という二つの方法を定めています。①は、実務上、人命や公益を守るために必要がある場合などに限定されており、実際には、②三六協定の締結・届出の方法で広く時間外・休日労働が行われています。

二〇一八年の働き方改革関連法は、この三六協定による時間外労働（②）について、法律上罰則付きで上限を設定するという法改正を行いました。改正前の労働基準法では定められていなかった時間外労働の絶対的な上限を、日本の法律上初めて罰則付きで設定したのです。

　具体的には、Ⓐ法定労働時間を超える時間外労働の限度時間を原則として月四五時間、年三六〇時間とする、Ⓑ特例として、臨時的な事情がある場合には労使協定（特別条項）により限度時間（Ⓐ）を超える時間を定めることができるが、この場合にも、ⓐ時間外・休日労働をさせることができる時間を一か月一〇〇時間未満、かつ、二か月から六か月平均でいずれも八〇時間以内とする、ⓑ一年について時間外労働をさせることができる時間を七二〇時間とする、ⓒ時間外労働が月四五時間を超えることができる月数を一年のうち六か月以内とする、とされました。三六協定と特別条項を締結する際には、これらの基準をすべて満たさなければならず、実際に時間外・休日労働をさせる際には、三六協定・特別条項に記載した範囲内でこれを行わせることができます（労働基準法三六条）。

　会社は、これらの上限規制を守ることに加え、法定労働時間を超える時間外労働に対しては二割五分（時間外労働が月六〇時間を超える部分には二割五分から五割に引上げ[13]）、法定休日になされた休日労働には三割五分の割増賃金を支払わなければなりません（労働基準法三七条一項）。

また、午後一〇時から午前五時までの時間帯に労働（いわゆる深夜労働）をさせた場合には、二割五分の割増賃金を支払わなければなりません（同条四項）。時間外労働と深夜労働が重なった場合、および、休日労働と深夜労働が重なった場合には、割増率は合算され、それぞれ五割（月六〇時間を超える時間外労働部分については七割五分）、六割の割増賃金を支払わなければいけません。

悠太「実際に、働き方改革の上限時間って守られてるんですか？」

宇野「罰則付きで、労働基準監督署もかなり厳しく監督してるので、月一〇〇時間や八〇時間の上限を超えるところはかなり少なくなってるんじゃないでしょうか。うちの会社では、月四五時間の原則（Ⓐ）をできるだけ守ること、それを超える場合も割増率が高くなる月六〇時間には達しないようにすること、夜一〇時以降の深夜労働はしないことが、社員に通知されています。実際には、仕事の量と締切の関係で守れないこともありますが」

真由「週休二日で月の勤務日数はだいたい二一日だとすると、月六〇時間って一日三時間、月四五時間って一日二時間くらいの残業になりますね。休憩を一時間はさんで朝九時から夕方六時までが通常の勤務時間だとすると、平均して夜の九時とか八時まで働くことになるっていうのは、普通なんでしょうか。家族と一緒に夜ごはんを食べようってなったら、やっぱり遅すぎませんか」

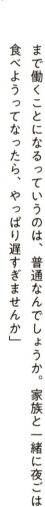

さくら「たしかに平日は、家族みんなで夜ごはんを食べることは、今もあまりないかもしれないですね。働き方改革でも、ワークライフバランスにはまだ遠いってことなんでしょうか」

労働時間規制の特則――労働時間規制の柔軟化

ここまで話してきた労働時間規制の原則的な枠組みに対して、これを柔軟化するための特別の制度が、労働基準法上定められています。一つは、Ⓐ変形労働時間制など法定労働時間の枠を柔軟化する制度、もう一つは、Ⓑ裁量労働制など労働時間の算定方法についての特則です。

Ⓐ法定労働時間の枠を柔軟化する制度として、ⓐ三種類の変形労働時間制とⓑフレックスタイム制があります。ⓐ変形労働時間制とは、労働時間を一定期間で平均して週四〇時間を超えていなければ、時間外労働はないものとする、つまり一週または一日の法定労働時間の規制を解除する制度です。例えば、変形制の単位期間を四週間とした場合、月末の週の所定労働時間（契約上労働時間と定められた時間）を四五時間としても、その他の週の

所定労働時間を短くして四週間で一六〇時間を超えないようにすれば、月末の週の週四〇時間を超える部分も時間外労働にはならないとする制度です。現行の労働基準法は、一か月単位（三二条の二）、一年単位（三二条の四）、一週間単位（三二条の五）の三つの変形労働時間制を、それぞれ異なる条件を設定しつつ定めています。

ⓑフレックスタイム制は、清算期間とその期間における総労働時間（週平均四〇時間以内）を定め、労働者に始業・終業時間の決定を委ねる制度です（三二条の三、三二条の三の二）。ここでは、それぞれの日に何時から何時まで働くかを労働者の自由に委ねる代わりに、ある日やある週に法定労働時間を超えても、清算期間での法定労働時間の総枠（例えば清算期間が四週間の場合一六〇時間）を超えない限り、時間外労働にはならないものとされます。時差出勤や子どもの送り迎えなど柔軟な働き方を可能とする制度として利用されています。

Ⓑ労働時間の算定方法の特則として、ⓐ事業場外労働のみなし制とⓑ裁量労働のみなし制などがあります。そもそも、労働基準法上の労働時間の算定は実際に働かせた時間（実労働時間）で行うのが原則です[14]。この実労働時間による労働時間算定原則の例外として、実際に何時間労働したかにかかわらず、一定時間働いたものとみなすという制度を定めているのです。ⓐ事業場外労働のみなし制とは、労働者が事業場の外で業務に従事し、その労働時間の算定が困難な場合に、一定時間労働したものとみなす制度です（三八条の二）。

例えば、外回りの営業、報道記者、出張などで、労働時間の算定が客観的にみて難しい場合に用いられます。働いたとみなす時間は、原則として所定労働時間とされますが、その業務を行うのに所定労働時間を超えて労働することが通常必要になる場合には、通常必要とされる時間労働したものとみなされます。

ⓑ裁量労働のみなし制とは、業務遂行について労働者に大きな裁量が認められるものについて、実労働時間によらず、一定時間労働したものとみなす制度です。この制度の適用を受けると、実際に働いた時間が週二〇時間でも六〇時間でも、一定時間（例えば週四〇時間）働いたものとみなされます。

この制度には、㋐研究開発やシステムエンジニアなどの専門職労働者を対象とした専門業務型裁量労働制（三八条の三）と、㋑事業の運営に関する企画・立案・調査・分析の業務を行う一定範囲のホワイトカラー労働者を対象とした企画業務型裁量労働制（三八条の四）の二種類のものがあります。前者（㋐）については、厚生労働省令によって対象業務が限定的に列挙されています（労働基準法施行規則二四条の二の二第二項）が、後者（㋑）については対象業務が企画・立案・調査・分析の業務と抽象的に定められているため、単なる過半数代表との労使協定ではなく、労使半数構成の労使委員会を設置し委員の五分の四以上の多数により決議するという加重された条件のもとでのみ導入が認められています。

また、いずれの裁量労働制（㋐と㋑）についても、みなし制の下で残業代を支払うことなく長時間労働をさせる温床となるおそれがあることを踏まえて、働きすぎや制度の濫用を防止するという観点から、健康確保措置と苦情処理措置を講じること、労働者個人の同意を得る必要があること（同意しなかった労働者に不利益な取扱いをしないこと）が、労使協定事項または労使委員会の決議事項とされています。

真由　「これから本格的にデジタル化が進むと、モバイル端末を持ってクラウドにアクセスできれば、時間や場所を問わずに自由に働けるという働き方が、日本でも増えていくと思います。そういう働き方に対する法的対応って進んでるんでしょうか」

伊達　「世界的にみると、たしかに、時間や場所を問わない自由な働き方が広がってきてますが、同時に、アルゴリズム（デジタル技術の基盤にある演算処理方法）による個人の監視や支配も広がってきています。一方で個人の自由を大切にし、他方で人間の健康や人格を守るという観点から、どういう規制を作っていくかは、これからの世界的な課題といえるかもしれません」

9 休暇・休業をとる――年次有給休暇、育児・介護休業など

継続的に働いていくうえでは、休みを取ることも大切になります。日本で法律上保障されている休暇・休業として、年次有給休暇、産前産後休業、生理日の休暇、育児休業、子の看護等休暇、介護休業、介護休暇があります。

年次有給休暇

年次有給休暇（いわゆる年休）は、他の休暇・休業と異なり、有給で休暇を保障している点に大きな特徴があります。年休の趣旨は、労働者の心身のリフレッシュを図ることにあります。

労働者が、会社から雇われてから六か月以上継続勤務し、全労働日の八割以上出勤した場合、一〇労働日の年休の権利が発生します。その後、勤続年数が長くなるに従って年休日は加算され、勤続年数が六年六か月になると二〇労働日になります（次ページの図表7。労働基準法三九条一項・二項）。また、週三日勤務など勤務日が少ない労働者については、その日数に比例して算定された日数の年休が付与されます（図表8。同条三項）。

【図表7】年次有給休暇の付与日数

（週の所定労働日数が5日以上または週の所定労働時間が30時間以上の労働者）

継続勤務年数	0.5	1.5	2.5	3.5	4.5	5.5	6.5以上
付与日数（労働日）	10	11	12	14	16	18	20

【図表8】所定労働日数の少ない労働者の年休付与日数

（週の所定労働時間が30時間未満の労働者）

週所定労働日数	年間所定労働日数	継続勤務年数						
		0.5	1.5	2.5	3.5	4.5	5.5	6.5以上
4日	169〜216日	7	8	9	10	12	13	15
3日	121〜168日	5	6	6	8	9	10	11
2日	73〜120日	3	4	4	5	6	6	7
1日	48〜72日	1	2	2	2	3	3	3

このようにして発生した年休の権利は、次の三つの方法で実現されます。

第一に、会社と事業場の過半数代表との労使協定により年休の時期を特定する計画年休といわれる方法です。ただし、各労働者について五日間は、個人的利用にとっておくために、計画年休の対象外とされます（同条六項）。

第二に、労働者が年休の時季を指定して（時季指定権を行使して）年休を取得する方法です。その時季に年休を取られると事業の正常な運営を妨げる場合には、会社は労働者に時季の変更を求めることができます（同条五項）。この会社の時季変更権の行使が認められるためには、単に業務上の支障が生じるというだけでなく、会社側が代替人員確保の努力をするなど労働者がその時季に年休が取れるよう相応の配慮をすることが求められます。

第三に、会社が時季を指定して労働者に年休を付与する方法です。二〇一八年の働き方改革関連法は、年休の取得促進を図る目的で、一〇日以上の年休が付与される労働者を対象に、年休日数のうち年五日については、会社が時季を指定して付与することを罰則付きで義務づけました（労働基準法三九条七項）。なお、労働者の時季指定権の行使または計画年休制度により年休が付与された場合は、それらの日数分（五日を超える場合は五日）は、会社の五日の年休付与義務の対象から差し引いてよいとされています（同条八項）。

年休の権利は、労働者が年休を取得することによって消滅します。労働者が取得していない年休については、二年の消滅時効（一一五条）にかかり、一年に限り繰越しが認められています（発生から二年すると消滅します）。

産前産後休業・育児休業・子の看護等休暇など

労働基準法は、妊娠した女性に対し、出産予定日前の六週間（多胎妊娠の場合は一四週間）、出産後の八週間について、産前産後休業を取得する権利を保障しています。このうち、産前休業は女性の請求により認められる任意的休業であり、産後休業は請求の有無にかかわらず就業が禁止される強制的休業です。ただし、産後七週目・八週目は、医師が支障なしと認めた場合は、女性の請求により就業可能とされています（六五条一項・二項）。

また同法は、女性が生理日で就業が著しく困難な場合に休暇を取得する権利を認めています（六八条）。

育児介護休業法は、満一歳未満の子を養育する労働者に、男女を問わず、子が満一歳に達するまでの期間（一歳の時点で保育園への入所ができないなど特別の事情がある場合には一歳六か月まで。同様の事情がある場合にはさらに六か月〔満二歳まで〕延長可能）、育児休業を取得する権利を認めています（五条以下）。また、同法は、男性の育児休業取得を促進するために、子の出生から八週間の期間内に四週間以内の出生時育児休業（いわゆる産後パパ育休）を取得する権利を認めています。

この出生時育児休業については、一般の育児休業と異なり、一定の手続と条件の下で、休業期間中に働くことができるとされています（九条の二以下）。さらに、同法は、会社に、小学校入学前の子を養育する労働者について、短時間勤務、テレワークなど柔軟な働き方を可能とする制度を設けること（二三条、二三条の三）、および、所定外労働（残業）の免除を制度化すること（一六条の八）などを義務づけ、労働者が働きながら育児をすることを容易にする環境の整備を図っています。

また、育児介護休業法は、小学校三年生までの子を養育する労働者に、男女を問わず、一年度において五労働日（対象となる子が二人以上の場合は一〇労働日）を限度として、病気の子の世話、子の行事参加などのための子の看護等休暇を取得する権利を認めています

（一六条の二）。

介護休業・介護休暇

育児介護休業法は、要介護状態の家族をもつ労働者に、男女を問わず、対象家族一人について、通算九三日の範囲内で三回まで、介護休業を取得する権利を認めています（一一条以下）。また同法は、会社に、要介護状態の家族を介護する労働者に、短時間勤務などの介護支援措置を講じること（二三条三項）、および、所定外労働（残業）の免除を制度化すること（一六条の九）などを義務づけ、介護と仕事の両立支援を図っています。

また、育児介護休業法は、要介護状態の家族をもつ労働者に、男女を問わず、一年度において五労働日（対象となる家族が二人以上の場合は一〇労働日）を限度として、家族の世話を行うための介護休暇を取得する権利を認めています（一六条の五）。

休暇・休業を理由とする不利益取扱いの禁止

育児介護休業法は、労働者が育児休業・介護休業などの申出や取得をしたことを理由として解雇その他の不利益取扱いをしてはならないとしています（一〇条、一六条など。男女雇用機会均等法九条も参照）。例えば、育児休業からの復帰時に正当な理由なく元の職務と異なる職務に配置すること、育児休業を取得したことを理由に昇給の対象から外すことなどです。裁判例としては、育児休業からの復帰時に短時間勤務を希望したところ、当該労働者の自由意思に基づく同意なくパート社員に変更した（事実上降格させた）こと（フーズシステムほか事件・東京地裁二〇一八年七月五日判決）や、多数の部下を抱えていた部長が育児休業からの復帰時にキャリアの継続を希望したにもかかわらず十分な話合いや説明をすることなく部下のないポストに配置したこと（アメックス〈降格〉事件・東京高裁二〇二三年四月二七日判決）を、違法としたものなどがあります。

宇野「最近は、男性でも育児休業を取るイクメンが増えてるけど、男性と女性だと実際に取る期間の長さが違うから、やっぱり男女差がありますね」

悠太「男性も育児休業を一年とか一年半とか取った方がいいのかな」

真由「それよりも、残業時間をなくして、男性も女性もフルタイムで働きながら育児をできる環境を作ることの方が大切じゃないかな」

さくら「たしかに、残業のない働き方が普通になったら、夫婦で交互に子どもの送り迎えをしたり、夜ごはんの準備をしたりして、普通にワークライフバランスを実現できそうですね。プラチナ企業〈「第2章」11項〉やウェルビーイング経営〈「第2章」12項〉で、そういうところもぜひ実現してほしいですね」

10 健康・安全を守る

宇野

「育児休業で男女とも休む人が増えてますが、会社でより深刻なのは、働きすぎやストレスで心身に不調が出て休職する人が出てくることなんですよね。いつ戻ってきてくれるのか予測できないし、交代要員の補充も難しいし、残った人たちが過重労働になってその人たちも休職に追い込まれるっていう悪循環になっているところもあります」

さくら

「労働法ってどういう形で働く人の健康や安全を守ってくれてるんですか？」

そもそも、労働法の誕生の背景は、産業革命後の工業化のなかで危険・過酷な労働を強いられていた労働者に人間的な保護を与えることにありました「第1章」6項。なかでも、労働者の健康や安全を守ることは、労働法の重要な存在意義の一つです。法的には、まず何よりも、働く人のけがや病気の発生を事前に予防する「労働安全衛生」が重要です。そして、予防措置を尽くしても不幸にして生じてしまった労働災害に対して、事後的に救済を行う「労災補償」がもう一つの重要な柱になります。

労働安全衛生――労働安全衛生法による予防

労働者の安全と健康を確保し、快適な職場環境の形成を促すことを目的として、労働安全衛生法という法律が制定されています（一九七二年に労働基準法から独立して制定）。この法律は、事業者その他の関係者に対し、①職場における安全衛生管理体制の整備（労働者の健康管理にあたる産業医の選任、安全衛生委員会の設置など）、②危険・健康障害の防止措置の実施（安全ベルト・防じんマスクの着用など）、③機械・有害物などに関する規制（有害物の使用禁止など）、④安全衛生教育・健康診断などの実施（年一回以上の一般健康診断の実施など）を義務づけています。

二〇一八年の働き方改革関連法は、会社に、管理監督者等を含むすべての労働者について、タイムカード、パソコンの記録等の客観的な方法など適切な方法で労働時間の状況を把握することを義務づけました（労働安全衛生法六六条の八の三）。この労働時間の状況の把握により、時間外労働が月八〇時間を超えかつ疲労の蓄積が認められる場合には、会社は、労働者の申出により医師による面接指導を行わなければならないとされています（六六条の八）。

労災補償──労働者災害補償保険法による救済

労働者が働いていてけがや病気になった場合、民法上の損害賠償請求（七〇九条）によると、①労働者が会社側に過失があったことの立証を行うことが難しく、また、②会社に十分な資力がない場合には損害賠償を受けられないおそれがあります。そこで、各国は、①会社側の過失の有無を問わずに労働災害の救済を行い、また、②会社にお金がなくても救済できるように、政府が社会保険として保険料を徴収し給付を行う労災保険制度を発展させてきました。

日本では、一九四七年に制定された労働者災害補償保険法が、主にその役割を担っています。この法律に基づく労災保険制度は、労働者を雇っているすべての会社（事業主）に強制的に適用され、その保険料は会社が負担します。労働災害にあった労働者や遺族は、労災保険給付の申請を労働基準監督署長に行い、署長が支給・不支給の決定をします。

労災保険給付は、「業務災害」と「通勤災害」に対して支給されます。「業務災害」とは業務によって生じた労働者のけが、病気、障害または死亡、「通勤災害」とは通勤によって生じた労働者のけが、病気、障害または死亡のことを指します（労働者災害補償保険法七条一項一号・三号）。業務災害の例としては、仕事中の事故による負傷、忘年会など参加が強制された会合での負傷、アスベスト（石綿）にさらされることによる肺がん・中皮腫《ちゅうひしゅ》など職場の環境に起因する疾病などがあります。通勤災害の例としては、通勤途中の交通事故、駅の階段での転倒などが挙げられます。

過労死と過労自殺

いわゆる過労死（過重労働による脳・心臓疾患での死亡）については、高血圧や動脈硬化など基礎疾患をもつ労働者に発症することが多いため、業務に起因して発症したのか、基礎疾患に起因して発症したのかが問題になることがあります。この点について、最高裁は、労働者の基礎疾患をその自然の経過を超えて悪化させ、発症に至ったと認められるときには、業務と発症との関連性（業務起因性）を肯定できるとしています（横浜《よこはま》南労基署長〈東京海上横浜支店〉事件・最高裁二〇〇〇年七月一七日判決）。この最高裁判決を受け、厚生労働省は、例えば、①発症前一か月間に時間外・休日労働が一〇〇時間を超える、または、②発症前二か月から六か月間の月平均で時間外・休日労働が八〇時間を超える期間がある場合には、業務と発症の関連性が強いとする行政認定基準を定めています。

いわゆる過労自殺（過重労働によりうつ病にり患した労働者の自殺）についても、業務（過労）とうつ病との間に因果関係があり、それに起因して死亡（自殺）したと認められる場合には、労働災害と認められています。また、セクハラやパワハラなど職場におけるいじめ・嫌がらせを原因として発症したうつ病やそれに起因する死亡（自殺）についても、そのような職場環境とうつ病との関連性を肯定し、労働災害にあたるとする例が増えています。

安全配慮義務・健康配慮義務——会社に対する損害賠償請求

労働災害にあった労働者や遺族は、国に労災保険給付を請求することとは別に、会社に対して損害賠償を請求することも認められています[15]。

労働者が会社に対して損害賠償を請求する法的根拠として、会社の安全配慮義務違反が挙げられます。会社は、労働契約上の信義則に基づき、労働者の生命や健康を危険から保護するよう配慮すべき安全配慮義務を負い、その義務をきちんと果たしていなかった会社は、労働者に対し損害を賠償する責任を負うとされているのです（労働契約法五条参照）。

この安全配慮義務は、労働契約を締結している労働者と会社との間だけでなく、事実上指揮監督をして働かせているという「特別な社会的接触の関係」にある当事者間であれば、広くそこで発生する義務であると考えられています。例えば、元請企業と下請企業労働者、派遣先企業と派遣労働者など、直接の労働契約関係にない当事者間でも、安全配慮義務違反が問われます。

安全配慮義務違反は、過労死や過労自殺などの事案でも認められています。判例によると、会社は労働者が過重労働により心身の健康を損なわないよう注意する義務（健康配慮義務とも呼ばれています）を負うとされています。具体的には、健康診断などを実施し労働者の健康状態を把握したうえで、それに応じて業務の軽減など適切な措置を講じなかった場合には、安全配慮義務または健康配慮義務違反の責任を問われることになります。また、職場におけるハラスメントが原因で労働者が自殺した事案でも、会社の安全配慮義務（職場環境配慮義務）違反が肯定されています。

さくら「働き方改革によって罰則付きで労働時間の上限が設定されたことによって、過労死や過労自殺の件数も減ってきてるんでしょうか」

伊達「働き方改革関連法の施行前の二〇一八年度は、過労死（脳・心臓疾患による死亡）として労災の支給決定がなされた件数が八二件、過労自殺（精神障害による自殺）が七六件だったのが、五年後の二〇二三年度には、過労死が五八件と減少し、過労自殺は七九件と少し増えています⑯」

真由「評価は難しいところですね。完全になくなったわけではないし、数字に表れていない部分もあるかもしれないし」

宇野「労働時間の長さだけじゃなくて、職場でのストレスとかハラスメントもメンタルに大きな影響を与えるので、そういうのもあわせて対策を講じないと、病気休職とか自殺ってなくならないかもしれないですね」

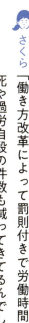

11 テレワーク、副業・兼業をする

労働法の原点は、過酷な労働を規制し、働く人の健康と安全を守ることにあります。それと同時に、近年では、柔軟な働き方を通じて、それぞれの人の多様な生活環境や希望との調和を図りながら能力の発揮や活躍を促すことも、労働法の重要な課題となっています。柔軟な働き方として、テレワークと副業・兼業についてみていきましょう。

テレワーク

テレワークとは、情報通信機器を利用して通常の事業場以外の場所で働くことをいいます。その特徴は、働く場所が自宅、サテライトオフィス、コワーキングスペースなど、会社とは離れた場所にある（自宅の場合通勤を必要としない）点にあります。

テレワークについても、一般の労働法が適用される点では通常の働き方と基本的に異なる点はありません。しかし、いくつか注意すべき点もあります[17]。

①テレワークが常態的に（短期的・一時的なものではなく）行われる場合には、配転と同様に「第3章」7項、勤務場所の決定や変更についての契約上の根拠（就業規則の合理的規定

等）が必要になります。ルールを決めないで、会社が勝手に（恣意《しい》的に）テレワークをできる人とできない人を決めてはいけません。

②テレワークに要する費用（通信費、機器費用、サテライトオフィス使用料など）については、原則として会社が負担しなければならないと考えられますが、それを従業員に負担させる場合には、就業規則に記載しつつ（労働基準法八九条五号〈本章1項〉）、労働契約上の明確な根拠（就業規則の合理的規定や労働者の自由意思に基づく同意など）が必要です。

③労働時間管理については、会社はテレワーク中も客観的な方法等により労働時間の状況を適正に把握する義務があります〈本章10項〉。そのうえで、テレワーク中も、労働基準法上の労働時間規制をきちんと守る必要があります。客観的にみて労働時間の算定が難しいといえない場合には、事業場外労働のみなし制を使うことはできません〈本章8項〉。

④テレワーク中であっても、業務によって生じたけがや病気など労働災害としての保護が及びます〈本章10項〉。また、オンライン環境のなかでも、セクハラ、パワハラやプライバシーの侵害などが生じることがあるため、会社は十分な防止対策を講じる必要があります〈本章5項・6項〉。

テレワークには、一方で、通勤時間がなくなりワークライフバランスを促すとともに、働く人の主体性や働きがいを高めるという正の側面があります。しかし他方で、同僚などと対面で接することによる知的刺激や心理的安全性が欠如したり、効率的に働いているかどうかが見えにくいという負の側面もあります。デジタル技術の発展を取り込み、労働法のルールを守りながら、テレワークとオフィスワークのベストミックスを探していくことが、それぞれの課題といえるでしょう。

副業・兼業

副業・兼業とは、複数の会社で働くことをいいます。副業・兼業は、働く人にとっては本業とは違う会社で働く機会を得ることで視野を広げ主体的に働く意識を高めることになり、本業の会社にとっても新たな視点からの価値創造や生産性の向上につながるといわれています。

副業・兼業の特徴は、一人の労働者が複数の会社から並行して使用される点にあります。労働法のなかには、会社（使用者）単位で法が適用されることを想定していた制度もあったため、副業・兼業を推進するにあたって制度の見直しなどが行われています(18)。そのポイントは、次の通りです。

①労働者が副業・兼業を行うことは原則として自由であり、会社が例外的にこれを制限できるのは、労務提供に実質的に支障がある場合、業務上の秘密が漏洩《ろうえい》する場合など一定の場合に限定されます「第3章」9項。

②労働者災害補償保険法〈本章10項〉が二〇二〇年に改正され、複数の会社での業務を総合して評価すると労働災害だと認められる災害を「複数業務要因災害」として保険給付を行う制度が新たに設けられました。

③雇用保険法〈「第3章」10項〉が二〇二〇年に改正され、複数の会社での所定労働時間の合計が適用対象基準（当時の法律では週二〇時間）以上となる場合には、本人の申出により被保険者となることができる雇用保険マルチジョブホルダー制度（まずは六五歳以上を対象）が設けられました。

④労働基準法上の労働時間については、副業・兼業を行う場合も通算されます。時間外労働の上限時間（一か月一〇〇時間未満、複数月平均八〇時間以下）や割増賃金の支払義務〈本章8項〉は、通算された時間に対して適用されます。このうち、割増賃金の支払いについては、諸外国の例も参考に通算しないこととする方向で法改正をすることが検討されています。

これらに加えて、厚生労働省の副業・兼業ガイドライン（注18参照）は、それぞれの会社が、副業・兼業を許容しているか、条件付きで許容している場合はその条件について、自社のホームページ等において公表することが望ましいとしています。情報の公表と市場の評価を通じて副業・兼業を推進しようとする取組みです。

宇野

「本来の意味での副業とは違うかもしれませんが、会社のなかの違う部署で部分的に働くことを認める『社内副業制度』を導入する会社も出てきてます[19]。うちの会社でも、一定の条件を付けて副業・兼業を認めたり、社内副業制度を導入したりしていて、四〇代から五〇代の仕事がある程度落ち着いた人たちには副業をしてる人もいるみたいですけど、われわれはとにかく本業が忙しくて、副業どころじゃないですね」

真由

「私は、自分の趣味とかプライベートを大切にしながら働きたいんで、やっぱりテレワークとか副業ができる会社で働きたいです。法的な保護を受けられることはわかったので、あとは本業の労働時間が長すぎない会社を選んで、実際にテレワークとか副業ができる自由な環境で働きたいですね」

悠太

「んー。僕はどっちがいいかわからなくなってきたな。大学生になったらインターンシップにいろいろ行ってみて、会社の社風とか雰囲気をみながら考えてみようかな」

12 多様な形態で働く——短時間・有期・派遣労働など

日本企業の正社員は、フルタイム・無期労働契約で会社から直接雇用されて働くのが一般的な形態ですが、そうでない働き方も増えています。短い時間だけ働く（パートタイム）、期間を限定して働く（有期労働契約）、派遣会社と契約して実際に働く会社は派遣会社に決めてもらって働く（労働者派遣）といった形態です。多くの日本企業では、これらの働き方は正社員ではない働き方（非正規雇用）とされ、処遇が低く雇用調整がしやすい存在と位置づけられてきました。

近年の改革では、これらの働き方についても公正な処遇を受けられるようにし、会社目線の「安くて切りやすい働き方」から、働く人目線の「多様で柔軟な働き方」へ転換していくことが目指されています。

短時間・有期雇用労働者への待遇格差の禁止

短時間労働者については一九九三年に雇用管理の改善等を図るパートタイム労働法が制定され、有期雇用労働者については二〇一二年に改正された労働契約法によって無期労働契約への転換〈「第3章」11項〉や不合理な労働条件の禁止（二〇条〈当時〉）が定められていました。二〇一八年の働き方改革関連法は、このパートタイム労働法と労働契約法二〇条を統合し再整備する形で、パートタイム・有期雇用労働法を制定しました。

パートタイム・有期雇用労働法の最も重要なポイントは、短時間・有期雇用労働者の基本給、賞与などすべての待遇について、それぞれの待遇の性質・目的に照らして、正社員の待遇と不合理な違いを設けることを禁止した点にあります（八条）。

例えば、職業経験・能力に応じて支給される基本給（職能給）についてはその職業経験・能力に応じた支給、会社業績への貢献に応じて支給される賞与については会社業績への貢献に応じた支給、通勤費を補償するために支給される通勤手当については正社員と同様の支給をすることなど、すべての待遇について正社員と均等または均衡のとれた取扱いをすることが求められています（厚生労働省告示「同一労働同一賃金ガイドライン」〈二〇一八年一二月策定〉参照）。また、正社員との間で待遇の違いがある場合には、短時間・有期雇用労働者の求めに応じて、待遇の違いの内容と理由を説明する義務が会社に課されています（一四条二項）。

最高裁判決としては、働き方改革関連法による法改正の前の規定（労働契約法旧二〇条）に関するものですが、正社員と契約社員との間の皆勤手当、無事故手当、作業手当、給食手当、通勤手当の違いを不合理であるとして会社に損害賠償を命じたもの（ハマキョウレックス〔差戻審〕事件・最高裁二〇一八年六月一日判決）、定年後再雇用の嘱託職員と定年前の正社員との間の基本給および賞与の違いについて、それぞれの待遇の具体的な性質・目的を明らかにしたうえで、労使交渉の具体的な経緯も勘案しながら、不合理性を判断すべきとしたもの（名古屋《なごや》自動車学校事件・最高裁二〇二三年七月二〇日判決）などがあります。

派遣労働者への待遇格差の禁止

二〇一八年の働き方改革関連法は、派遣労働者についても、同様に、派遣先の正社員との不合理な待遇の違いの禁止（労働者派遣法三〇条の三第一項）、待遇の相違の内容と理由についての会社（派遣会社）の説明義務（三一条の二第四項）などを定めました。

ただし、不合理な待遇の違いの禁止については、派遣会社が、同種業務の正社員の平均的な賃金額として厚生労働省令で定める額以上を支給することなどを定めた労使協定を締結し、それを実際に遵守・実施している場合には、それによること（例外としての「労使協定方式」）を認めています（三〇条の四）。これは、正社員の賃金が低い派遣先に派遣されることで派遣労働者の賃金も下がり、派遣労働者の継続的なキャリア形成が阻害されてしまうことを回避するために設けられた例外です。実際には、派遣労働者の賃金を安定的に設定できるように、ほとんどの派遣会社で労使協定方式がとられています。

さくら「日本でもいわゆる『正社員』っていうモデルがだんだん希薄になっていくと、短時間でも、有期でも、派遣でも、普通の働き方のなかの一つの形態ってことになっていくんですかね」

伊達「マーケットがノーマルに機能するようになると、短時間の方が仕事の効率が高くて会社の都合のいい時間帯に働いてもらえる分、有期だと雇用保障が限定されていて会社の都合のいい時期に働いてもらえる分、派遣は専門性が高くてこれも会社の都合に合わせて働いてもらえる分、一般的なフルタイム・無期・直接雇用より賃金単価が高くなることがあります。短時間・有期・派遣プレミアムといわれるものです」

宇野「実際に日本でも、派遣の方が正社員より単価が高いこともあるし、これから人手不足のなかでいろんな働き方の人たちに短時間や短期間で応援をしてもらうようになると、そちらのほうが単価が高くなるってことも出てくるかもしれないですね」

真由「そう簡単には、正社員中心の日本的雇用システムはなくならないような気もするけど。個人的には、短時間でも、スポットでも、公正に処遇される社会に早くなってほしいです」

13 フリーランスとして働く・起業する

多様な働き方は、短時間・有期・派遣といった働き方にとどまらず、雇用以外のフリーランスという形態でも広がっています。伝統的な建設業の一人親方、運送業のトラック持込み運転手から、小売業のフランチャイジー（店主）、出版業のフリーライター、美容業のセラピストなど、さまざまな分野でフリーランス（個人事業主）として働く人が増え、会社の従業員から独立して個人で起業する動きも広がっています[20]。

世界的には、デジタル化が急速に進展するなかで、スマートフォンやタブレット端末で専用アプリに接続し、アプリ上の指示に従って働くプラットフォームワーカーが増加しています。ウーバーなど自家用車を使ったタクシー（ライドシェア）の運転手やフードデリバリーの配達員などです。これらのプラットフォームワーカーは、契約上、業務委託契約に基づく個人事業主（フリーランス）と位置づけられることが多く、その法的保護のあり方が世界的に課題となっています。

悠太　「家でも料理のデリバリーを頼むことがよくあるけど、配達してくれる人たちって個人事業主として扱われてるんですね。お笑い芸人の人たちもフリーランスとして働いてることが多いって、ネットでみたことがあります」

真由　「個人事業主とかフリーランスって、要はその事業の社長ってことですよね。本当に事業主とか社長っていえるような働き方をしてるのか、社長扱いされることで受けるべき保護を受けられなくなっていないか、微妙な気がします」

フリーランス保護法——取引の適正化と就業環境の整備

日本では、二〇二三年に、フリーランス保護法（特定受託事業者に係る取引の適正化等に関する法律）が制定されました（二〇二四年一一月施行）。

この法律は、①適用対象となるフリーランス（特定受託事業者）を、業務委託を受ける個人事業者・法人で本人以外の役員や従業員がいないものと定義し（二条）、このフリーランスに業務委託をする事業者（特定業務委託事業者）に、次の取引適正化措置（②）と就業環境整備措置（③）を講じることを義務づけるものです。

②取引の適正化を図る措置としては、ⓐ書面等による取引条件（給付内容、報酬額、支払期日など）の明示（三条）、ⓑ給付の受領日から六〇日以内の報酬支払期日設定と報酬支

払い（四条）、ⓒ優越的地位の濫用にあたる行為（フリーランスに帰責事由のない受領拒否・報酬減額・返品、著しく低い報酬額の不当な定め、正当理由のない物の購入・役務の利用の強制、不当な経済上の利益の提供要請、フリーランスに帰責事由のない内容変更・やり直し要請）の禁止（五条）が、フリーランスに業務委託をする事業者に義務づけられています。

③就業環境の整備を図る措置としては、ⓓ募集情報の的確な表示（虚偽の表示等の禁止と正確・最新情報の保持）（一二条）、ⓔ妊娠出産・育児介護と業務の両立に対する配慮（一三条）、ⓕハラスメント行為に対する体制の整備（一四条）、ⓖ六か月以上の業務委託契約の中途解除・不更新の三〇日前の予告と理由開示（一六条）が、フリーランスに業務委託をする事業者に義務づけられています。

これからの課題

この法律の制定は、実務上、労働法が適用されない働き方と位置づけられていたフリーランスに、法律による保護を提供する重要な一歩となりました。しかしまだ、課題も残されています。

第一に、労働法が適用される「労働者」にあたるか否かの基準・判断が不明確であるため、実態は労働者なのに契約上はフリーランス（業務委託）として取り扱われている「誤分類」の問題が解消されていないことです。「労働者」性〈本章2項〉の判断基準や判断の方法をわかりやすくすることが課題になります。

　第二に、保護の内容も十分とはいえません。フリーランスも人間として働いている以上、人間的な保護を及ぼす必要があります。例えば、健康を確保するための就業時間の規制、労災補償のための費用の負担、人間的な生活のための最低報酬の保障、キャリア形成のための教育訓練機会の保障、仕事がなくなったときの失業補償などについて法的保護のあり方を検討することも課題です。

　第三に、フリーランスのなかでも、特にこれから増加が予想されるプラットフォームワーカーにかかわる課題の検討も必要です。デジタル技術の進歩に伴って、仕事のなかでも私的な生活領域でも個人情報の収集・処理が日常的に行われ、アルゴリズムによる個人の監視、プライバシーの侵食、労働密度の強化が進められるおそれがあります。このような事態に対し、いかに法的な制約をかけてプライバシーや人間性を守っていくかも、これからの重要な課題です[21]本章6項。

宇野　「これからは、デジタル化や働き方の多様化のなかで、労働者や労働契約の枠にとらわれない働き方も増えていくんでしょうね。学生のときに起業して、そのままスタートアップ企業を経営してる友人もいますし」

真由「でも、フリーランスとして働いている人のなかには、労働者よりも過酷な条件で、報酬も安くて不安定な状況で働いている人たちもいますよね。デジタル化は、こういう不安定な働き方を、国境を超えて広げていってる面もあるんじゃないかと思います。だから、世界的に保護の動きが高まってきてるんですよね」

悠太「フリーランスっていっても、自由な働き方という顔と、不安定な働き方という顔の二つの顔があるんですね。どちらもちゃんと見ていかないといけないですね」

さくら「デジタル化で個人の監視やプライバシーの侵食が進んでいくっていう問題は、フリーランスやプラットフォームワーカーに限られた問題じゃないんじゃないでしょうか。これからの私たちの働き方とか、プライベートな生活の送り方にもかかわる、大きな問題なんじゃないかと思います」

伊達「そういう難しくて大きな問題にこそ、本来は、労働組合が働く現場からアプローチすることが一番の解決策なんだけどね」

14 労働組合に入る――労働組合と団体交渉・労働協約

会社と労働者では交渉力や情報能力に格差があるため、その関係を自由な契約に委ねてしまうと、労働者にとって過酷な内容で契約が結ばれてしまうことが少なくありません。現在の労働法は、この契約自由の原則による弊害を修正する法として、一九世紀に誕生しました「第1章」6項。

その大きな柱は、法律による集団的保護と労働組合による集団的自由にあります。労働基準法などの法律によって労働契約の内容を規律・修正するとともに、労働組合という集団を作って会社と集団的に交渉することで労働条件を対等な立場で決定することが、労働法の大きな目標とされたのです。ここでは、労働組合を結成して労働条件の対等決定を実現するためのルールについてみていきましょう。

労働組合とは

労働組合とは、労働者が自分たちの利益を守るために結成する団体のことをいいます。労働組合の存在意義は、①経済的に弱い立場にある労働者の利益を守ることと、②労働組合を通じて労働者が声（voice）をあげることで労働者のやる気が高まり、会社としても生産性向上の利益が得られることにあります。(22)

日本国憲法は、労働者が労働組合を作り、団体交渉をしたり、団体行動をする権利を認めています（二八条）。労働組合法は、労働組合が使用者と締結した労働協約に規範的効力という特別の効力を認め（一六条）、使用者の不公正な行為（不当労働行為）を禁止して円滑な団体交渉関係が築かれるよう促しています（七条など）。

労働組合法は、労働組合が保護を受ける要件として、①労働者が主体となって（主体）、②自主的に（自主性）、③労働条件の維持改善その他経済的地位の向上を図ることを主たる目的として（目的）、④組織する団体またはその連合体（団体性）であり（二条）、⑤その民主的な運営を確保するために均等取扱いや民主的意思決定手続などの一定の事項を記載した規約を作成すること（民主性〈五条二項〉）を求めています。なかでも、自主性（②）の要件については、人事の直接の権限をもったり、労働関係の機密事項に接する監督的な地位にあるなど「使用者の利益を代表する者」の参加を許すものであってはならないとされています（二条但書一号）。これを受け、実務上は、課長など一定の役職に達すると労働組合を脱退する取扱いがなされることが多くなっています。

複数組合主義と労働組合の形態

労働組合法は、労働組合の規模や組織レベルについて中立的な態度をとっています（二条、六条参照）。多数組合であれ少数組合であれ、また、全国レベルや産業レベルの組合であれ企業レベルの組合であれ、上で述べた五つの要件を満たせば労働組合として法的保護を受けることができます（複数組合主義）。そのなかで、日本の労働組合の多くは、正社員の終身雇用を中心とした日本的雇用システムと結びつきながら、企業レベルで組織されています「第2章」4項。

企業別労働組合の多くは、その存立基盤として、会社とユニオンショップ協定やチェックオフ協定を締結していることが多くなっています。ユニオンショップ協定とは、その組合の組合員でない者を会社が原則として解雇する旨の協定、チェックオフ協定とは、会社が組合員の組合費相当額を賃金から控除して組合に引き渡す旨の協定です。この二つの協定により、労働組合は、入社した労働者を組合員として確保し、組合費を確実に徴収することができるようになります。日本の労働組合運動の組織的・財政的な基盤は、この二つの協定を通じた会社側の協力によって成り立っているといえます。

法的には、ユニオンショップ協定は、他の組合に加入している者には及ばないと解釈されています（三井倉庫港運事件・最高裁一九八九年一二月一四日判決）。また、チェックオフ協定は、組合員がチェックオフの中止を申し入れれば会社はすぐにこれを取りやめなければなりませんければならないとされています（エッソ石油事件・最高裁一九九三年三月二五日判決）。

団体交渉と労働協約

労働組合法は、憲法二八条の団体交渉権の保障を具体化する形で、会社が労働組合との団体交渉を正当な理由なく拒否することを不当労働行為の一類型（団交拒否）として禁止しています（七条二号）。この会社の団体交渉義務は、単に交渉のテーブルに着くだけでなく、合意達成を模索して誠実に交渉することを求めるもの（誠実交渉義務）です（山形県・県労委〔国立大学法人山形大学〕事件・二〇二二年三月一八日判決）。具体的には、自らの主張の根拠を具体的に説明したり必要な資料を提示するなど、誠意ある対応をとることが求められています。団体交渉の対象となる義務的団交事項は、団体交渉による労働条件対等決定の促進という労働組合法の趣旨（一条一項）に照らして、①労働条件その他の労働者の待遇、および、②労使関係の運営に関する事項であって、会社に決定権限のあるものと広く解されています。

労働組合と会社は、団体交渉などを通じて労働条件等について合意すると、多くの場合、労働協約を締結します。労働協約には、書面に作成し、両当事者が署名または記名押印するという様式を満たすと、労働契約を規律する効力（いわゆる規範的効力）が認められます（労働組合法一四条、一六条本章1項）。労働協約は、会社が一方的に作成・変更することができる就業規則とは違い、労働組合との合意によって締結されるものなので、就業規則の不利益変更のように内容の「合理性」を問うことなく、原則として、労働組合の組合員を拘束します（朝日火災海上保険（石堂）事件・最高裁一九九七年三月二七日判決）。

また、労働協約が一つの工場事業場の同種の労働者の四分の三以上に適用される（例えば労働協約を締結している労働組合が事業場の労働者の七五％以上を組織している）場合には、労働協約を適用することが著しく不合理であると認められる特段の事情がない限り、労働組合に加入していない労働者にも労働協約が拡張して適用されます（労働組合法一七条。朝日火災海上保険（高田）事件・最高裁一九九六年三月二六日判決）。

さらに、前にお話しした「第2章」8項ように、ある地域で働く同種の労働者の大部分に一つの労働協約が適用されるに至ったときには、厚生労働大臣または都道府県知事の決定により、その地域の他の同種の労働者および使用者に労働協約が拡張適用されます（労働組合法一八条）。この地域単位の拡張適用の利用がこれからさらに進んでいくか否かが、日本の労働組合や労使関係の将来を占うことになるかもしれません。

宇野 「うちの会社にも労働組合があって、ユニオンショップ協定とチェックオフ協定が結ばれてるから、入社と同時にみんなその組合に入ることになるし、給料から組合費が天引きされているはずです。毎月五〇〇〇円ぐらいかな」

悠太「結構、高いですね。一年で六万円ぐらい。それに見合うリターンってあるんですか？」

宇野「リターンかぁ。毎年、春闘で賃上げ交渉をしてくれていて、定期昇給が三％だとすると、月五〇〇〇円を超える賃上げにはなってるけど、組合がないと定期昇給がないっていうわけじゃないし。賃金以外にも、労働時間制度とか休暇制度とかの改善がなされたり、解雇とか人員整理から組合員を守ったり、広い意味で組合員を守ってくれてるんじゃないかな」

真由「会社を選ぶときに、労働組合があるかどうかも確認したほうがいいかもしれないですね」

15 ストライキをして闘う――団体行動と不当労働行為

憲法二八条は、労働者に、労働組合を作る権利（団結権）、労働組合を通じて会社と交渉する権利（団体交渉権）と並んで、労働者に集団で行動する権利（団体行動権）を保障しています。会社と比べて交渉力や経済力が弱い労働者が、会社と労働条件などの交渉をするにあたって、ストライキなどの団体行動を行って会社に圧力をかけ、会社と対等な地位に立って交渉を進めることが、憲法上保障されているのです。日本では最近、ストライキはめっきり減っていますが、皆無ではありません[23]。

争議行為と組合活動――正当な団体行動に対する法的保護

団体行動（労働者が集団で行う行動）は、争議行為と組合活動の二つに分類できます。争議行為とは、団体交渉において会社に圧力をかける労務不提供（ストライキ）を中心とした行為のことをいい、組合活動は、争議行為以外の団体行動を指します。いずれにしても、「正当な」団体行動に対しては、①刑法上犯罪とされる行為（例えば不退去罪や器物損壊罪）でも罰せられないという刑事免責、②民法上損害賠償の対象とされる行為（債務不履行や不法行為）であっても損害賠償の責任を負わないという民事免責、③その行動を理由として解雇、配転、懲戒処分などの不利益な取扱いをしてはならないという不利益取扱いの禁止という法的保護が与えられます。

ストライキを中心とした争議行為については、「団体交渉のための圧力行為」といえるかどうかを大きなポイントとして、その正当性が判断されます。例えば、団体交渉の当事者といえない組合員の一部が組合の意思に基づかずに行う「山猫スト」は主体の点で正当性が認められず、義務的団交事項にあたらない政治的な主張を行うための「政治スト」は目的の点で正当性が認められません。また、団体交渉を経ないで行われるストライキは、団体交渉のための圧力行為とはいえず、手続の点で正当性が否定されます。

争議行為の態様の面では、労働者の権利（団体行動権）と会社の権利（営業の自由、財産権）との調和が求められ、言論による説得を超える態様のもの、例えば、実力行使を伴うピケッティングや職場に座り込んで他の者の立入りを妨害する排他的職場占拠などには、正当性は認められないと解釈されています（朝日新聞社事件・最高裁一九五二年一〇月二二日判決など）。

これに対し、日常的に行われる組合活動については、団体交渉のための圧力行為という限定がないため、主体、目的の点では、より広く正当性が認められます。例えば、労働組合の意思（多数派による承認）に基づかない組合内少数派の行動（例えば組合執行部を批判するビラの配布）であっても、組合の民主的な意思形成に必要なものであれば、正当性が認められます。また、組合活動の目的は義務的団交事項に限定されず、労働者の地位の向上のために行う活動（例えば労働基準法改正反対を訴えるビラの配布）であれば、政治や行政に対する主張を含むものであっても正当性が認められます。

しかし、組合活動の態様の面では、①誠実労働義務など労働契約上の義務に違反しない、②会社の施設管理権による規律に服するなどより厳しい基準で正当性が判断されています。例えば、勤務時間中の組合活動は、①の点で原則として正当性が否定され、また、会社の許諾なく企業施設を利用して行う組合活動は、②の点で原則として正当性を欠くものと解されています（国鉄札幌《さっぽろ》運転区事件・最高裁一九七九年一〇月三〇日判決）。さらに、③経営者を含む市民の私的自由・権利を不当に侵害する態様の組合活動には、正当性は認められません。

宇野

「うちの組合では、二年とか三年間、会社から組合専従休職「第3章」8項が認められて、組合の専従役員となっている人がいて、その人が中心となって組合活動が行われてます。僕みたいな一般の組合員は、基本的には勤務時間外に組合の会議に出たり組合の活動を手伝ったりしてます。組合の事務所は本社の中にあって、会社が

真由

組合に部屋を貸してくれてるみたいです」

「とすると、その点では組合活動の正当性に問題はなさそうですね」

不当労働行為の禁止

労働組合法は、正常な労使関係の下で公正かつ円滑に団体交渉が行われるようにするために、会社（使用者）の労働組合や組合員に対する不公正な行為を、不当労働行為として禁止しています。

不当労働行為の基本類型は、①組合員であることや労働組合の正当な行為をしたことを理由とする不利益取扱い（労働組合法七条一号・四号）、②正当な理由のない団体交渉拒否（同条二号）、③労働組合の結成や運営に対する支配介入（同条三号）の三つです。例えば、①労働者が組合員として活動したことを理由に解雇、配転、低査定をすること、②労働組合からの団体交渉申入れに対し誠実な態度で対応しないこと、③労働組合から脱退するように組合員に圧力をかけたり、組合員を威嚇するような発言をすることなどです。使用者の一つの行為が、複数の類型の不当労働行為にあたることもあります。例えば、労働組合が複数存在するなかで一つの労働組合に対し差別的な取扱いをすることは、不利益取扱い（①）にあたると同時に、組合弱体化の支配介入（③）にも該当します。

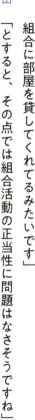

不当労働行為の法的救済としては、裁判所による救済と労働委員会による救済の二つのルートがあります。第一に、不当労働行為を受けた労働組合や組合員は、裁判所に訴えて、救済を求めることができます。これを受け、裁判所は、当事者間の権利義務関係に基づいて判決や決定を下します。例えば、①正当な組合の行為に対する解雇については、解雇の無効と労働契約上の権利を有する地位の確認、解雇期間中の賃金の支払い、②正当な理由のない団交拒否に対しては、団体交渉を求める権利を有する地位の確認、③組合を弱体化する支配介入行為に対しては、不法行為としての損害賠償などが命じられます。

第二に、不当労働行為の救済機関である労働委員会（各都道府県に置かれる都道府県労働委員会と厚生労働大臣のもとに置かれる中央労働委員会）に不当労働行為からの救済を求めることができます。労働委員会は、労使関係の専門家から構成される独立行政委員会であり、その専門性ゆえに、事案に応じた適切な救済命令を柔軟に発する裁量権が認められています。例えば、①不利益取扱いにあたる解雇については原職復帰命令とバックペイ（解雇期間中の賃金相当額の支払い）命令、②団交拒否に対しては誠実交渉命令、③支配介入行為に対しては同行為の禁止命令、ポストノーティス（文書の掲示）命令などが発せられます。労働委員会の命令は一種の行政処分であり、これに不服のある当事者は命令の取消しを求めて行政訴訟を提起することができます。

宇野「うちの組合は、基本的には会社との協調的な関係を大切にしているので、ストライキをするとか、裁判所や労働委員会に救済を求めるという話は聞いたことないですね」

真由「結局、企業別労働組合で、困ったときにはお互いに助け合い、守り合う関係だから「第2章」4項、ストライキとか、不当労働行為の救済って、普通には起こらないことなんでしょうね。労働組合として武器を使わないで、会社と平和な関係を築いてきた」

悠太「どうせ使わないんだったら、そういう法律とか制度ってもう要らないってことにならないんですか？」

さくら「でも、企業別組合で武器を使わずに仲良くしてきたからこそ、日本では実質賃金が上がらないで、『失われた三〇年』の間、経済が停滞したんですよね「第2章」9項。武器をすぐに使うかどうかは別にしても、武器を背景にして、緊張感のある労使関係を作っていくことが大切なんじゃないでしょうか」

真由「これから、グローバル化やデジタル化のなかで、労働組合や労使関係の実態も大きく変わっていくかもしれないし、そういうなかで、欧米みたいに、武器を頻繁に使う時代がやってくるかもしれないですしね」

16 相談をする・紛争を解決する

法の重要な特徴は、法を守ることを国家権力が強制してくれるルールであるという点にありました（本章1項）。なかでも、法の実現のための重要な役割を担っているのが裁判所でした。しかし、労働紛争をめぐる日本の最大の特徴は、裁判所を利用して問題の解決を図ろうとする人が極めて少ないことにあります。

裁判所利用者の少なさ

日本の労働法による法的保護は、その内容の点では、問題領域による程度の差はあるものの、全体的にみると、欧米諸国と比べてそれほど遜《そん》色《しょく》のあるものではありません(24)。しかし、それが終局的な紛争解決の場である裁判所にもちこまれる数は、欧米諸国と比べて圧倒的に少なくなっています。例えば、フランスの労働審判所（個別労働紛争を扱う第一審裁判所）の一年間の新受件数は約一一万件（二〇二三年）、ドイツの労働裁判所（労働紛争を扱う裁判所）では約二八万件（二〇二三年）であるのに対し、日本では七二三六件（労働関係民事通常訴訟の新受件数三七六三件（二〇二三年／速報値）と労働審判事件の新受件数三四七七三件（二〇二三年／速報値）の合計）と、利用人数の桁《けた》が違っています。

労働問題について日本で裁判所を利用する人が少ない理由として、①当事者間の話合いによる円満な解決を好み、白黒をハッキリさせて物事を解決しようとする西洋的な「権利」観念が希薄であるという日本人の意識・文化[25]や、②日本の長期雇用慣行のなか、会社との紛争の顕在化により会社にとどまれなくなることを懸念して、労働者は訴訟提起や苦情申立てを躊躇《ちゅうちょ》しているという事情[26]が挙げられることがあります。

しかし、行政相談窓口である総合労働相談コーナーには毎年一〇〇万件を超える相談が寄せられていることからすると、日本でも労働紛争自体は潜在的にたくさん存在しているといえそうです。また、長期雇用慣行の枠外に置かれている有期契約労働者や派遣労働者についても紛争を顕在化させる割合は正社員と比べて際立って高いわけではありません（厚生労働省「個別労働紛争解決制度の施行状況」参照）。これらのことからすると、日本の長期雇用慣行が裁判所利用率の低さの決定的な理由だとはいえなそうです。

日本の労働問題において裁判所利用率が低い理由としては、労働者のなかに行政よりも裁判所のほうが敷居が高いという意識が根強く存在していることが挙げられます。そして、その意識を裏付ける日本の裁判所の制度的特徴として、（二〇〇六年に利用開始された労働審判制度により一部緩和されたとはいえ、現在もなお残っている）裁判にかかる費用の大きさ、弁護士への依頼や書面の提出などの形式主義、労働組合による代理の未承認といった課題があります。[27]

まずは相談する――紛争解決制度の特徴

労働紛争に直面したときの紛争解決制度は、裁判所だけではありません。労働紛争解決のための制度として、次のようなものがあります。

まず、国（厚生労働省）の委託事業として、無料の電話相談窓口「労働条件相談ほっとライン」や労働条件に関する総合情報サイト「確かめよう労働条件」が設けられています（厚生労働省のホームページ参照）。悩みがあったら、まず「労働条件相談ほっとライン」に電話して相談してみましょう。「確かめよう労働条件」には、働く人用と会社（事業者）用のQ＆Aなどが設けられ、さまざまな労働問題についてわかりやすく説明されています。

国（厚生労働省）は、全国の都道府県労働局等にワンストップの相談窓口として、「総合労働相談コーナー」を設置しています。ここには、前に述べたように、年間一〇〇万件を超えるさまざまな相談が寄せられており、紛争解決を促すための相談・情報提供が行われています。

全国の都道府県労働局では、個別労働関係紛争について、紛争調整委員会によるあっせん（いわゆる「労働局あっせん」）も行っています。三名の委員から構成される委員会で、個別の事件について紛争解決に向けた非公開の調整が行われます。

【図表9】労働紛争解決のための諸制度のメリットとデメリット

	位置づけ	長所	短所
総合労働相談コーナー	全国各地の労働局等に設置される相談コーナー	無料で、ワンストップで、相談に乗ってくれる。取扱い案件も多い。	相談がメインで、ここで紛争を解決してもらえるわけではない。
労働局あっせん	全国各地の労働局で行われる紛争調整手続	無料で、弁護士を付けずに利用できる。1～2回で終わることが多い。	相手方が反対すると終了となる。解決の場合も得られる金銭が少額となることが少なくない。
労働委員会の調整・あっせん	都道府県労働委員会で行われる集団的労働紛争の調整、個別労働紛争の相談・あっせん	無料で、労使関係の専門家による紛争の調整・あっせんを受けることができる。	相手方が反対すると終了となる。個別労働紛争の相談・あっせんは実施していない都県労働委員会（東京、兵庫、福岡）がある。
労働審判	全国の地方裁判所で行われる紛争解決手続	通常訴訟に比べ少数回・短期間で紛争解決に至ることが多い。相手方が反対すれば通常訴訟に移行する。	手数料あり。弁護士を付けることは義務ではないが、付けたほうがスムーズに進む。通常訴訟より得られる金銭が少額となることもある。複雑な事件にはなじみにくい。
通常訴訟	全国の裁判所（地裁→高裁→最高裁）で行われる終局的な紛争解決手続	複雑な事件も含め、紛争を終局的に解決する。相手方が反対しても法律に基づいて結論を出す。	手数料あり。弁護士を付けることが一般的。解決までに期間が長くかかることが多い。

各都道府県に設置されている労働委員会では、集団的労働紛争（労働争議）の調整と、個別労働紛争の相談・あっせんが行われています。労働委員会では、労使関係の専門家によって、労働紛争の調整やあっせんが行われます。

裁判所には、個別労働関係民事紛争を対象とした労働審判制度が設けられています。裁判官一名（労働審判官）、労働関係の専門経験者（労働審判員）二名の計三名から構成される労働審判委員会が、原則として三回以内の期日で調停などを行って紛争解決を図ります。調停が成立しなければそのまま通常訴訟に移行します。

裁判所では、通常の民事訴訟としての手続もあります。民事訴訟法の規定に基づいて慎重かつ本格的な審理が行われ、紛争の終局的な判断が下されます。東京、大阪、横浜、名古屋、福岡など大規模な地方裁判所には、労働事件の専門部や集中部が置かれています。

これらの主な労働紛争解決制度のメリットとデメリットは、前ページの図表9にまとめられた通りです。これらの制度をうまく選択・利用して、事案の内容と自分の希望に沿った労働紛争の解決を図ってください。

紛争解決の意味

実際の労働の現場では、残念ながら、ここでお話ししている労働法の内容とはかけ離れた、ひどい事件も数多く起きています。裁判所利用率の低さとともに、法と実態の乖離《かいり》が、日本の労働法の大きな特徴となっています。

不条理な事態に直面したときに、泣き寝入りしたのでは自分の権利や信念は守れません。それだけでなく、法と乖離した実態を容認することは、会社側に法は守らなくてよい、さらには、法を守っていては激しい競争に生き残れないという意識を植えつけ、公正な競争の前提が損なわれる事態を生みます。例えば、違法なサービス残業をさせないと、同様に違法なことをしている他の会社と対等に競争できないという状況を生み出してしまうのです。そのような事態は、現場で働いている人たちの人間性を蝕《むしば》み、そのような組織や社会は長続きしないという結果に陥ります。泣き寝入りすることは、日本の会社や社会そのものをそのような方向に導いていくことになりかねません。

困ったことがあったら、まず「労働条件相談ほっとライン」に電話してみましょう。それは、自分のためはもちろん、会社のため、社会全体のための第一歩にもなります。

宇野「そういう無料の電話相談窓口があるって知りませんでした。ネットで調べるだけじゃなくて、直接電話して相談に乗ってもらえるんですね。今度、使ってみます」

真由「日本で裁判所を利用する人が少ないっていうのは、日本人の意識とか文化とかじゃなくて、裁判所の制度のあり方が原因となっている部分もあるんですね。無料で、書面も準備しなくてよくて、裁判所に直接行って口頭で訴えられるようになったら、利用者も増えていくかもしれないですね」

悠太「僕たちの時代には、会社の帰りに病院に寄るのと同じ感覚で、裁判所に行って救済を受けられるようになったらいいですね。われわれにとって身近な労働問題については、特にそうあってほしいです」

さくら「雇用システムとか、法律の内容も重要だけど、裁判所とか紛争解決の制度がどれだけ利用しやすいものになっているのかも、すごく大切なんですね。法が画《え》に描いた餅《もち》にならないようにするためにも」

おわりに

働くことの「未来」を考えてみよう

伊達「四回に分けていろいろお話ししてきたけど、これで、皆さんの質問にだいたい答えたことになるかな」

すこしだけ振り返り

さくら「はい。歴史的にみると、働くことの意味は決して一つではなくて、人間にとって良い面と悪い面が裏表の関係として共存している。どっちか一面だけしかみていないと、反対の面に意識がいかなくなって、働く人にとっても社会にとっても不幸なことになってしまう。だから、働くことの二面性をきちんと認識することが大切でしたよね「第1章」1～4項。そして、人類というのは、狩猟採集社会から農耕社会、農耕社会から工業社会という時代の大きな転換期に、新しい過酷な環境のなかで働くことを強いられてきた。これから、工業社会からデジタル社会に本格的に移行するにあたって、同じようなリスクが形を変えて生じる可能性があることには注意が必要で、特に、時代の変化に対応するための教育（リスキリング）と、アルゴリズムによる監視という新たなリスクに備えるための法的ルールが重要という話〈「第1章」5〜8項〉が、興味深かったです」

悠太

「僕は、日本的雇用システムの成り立ちとその変化が理解できたのが、すごくよかったです。日本の雇用システムは産業システムや金融システムと結びつきながら存在していて、それらを合わせた日本的市場システムが、グローバル化やデジタル化、少子化のなかで、全体として大きな変化を迫られている〈「第2章」1〜8項〉。そのなかで、国際的にみた日本の弱点として、働く人の主体性や働きがいの低さ、付加価値創出力の弱さと、労働時間の長さがある〈「第2章」9〜10項〉。そして、これらの弱点を克服した新たな働き方や企業経営の方向性として、プラチナ企業や、健康経営、パーパス経営、人的資本経営、つまり、『人を大切にし、社会に貢献すること』が追求されるようになってきている〈「第2章」11〜12項〉。こういう最近の動きが、これまでの歴史の流れや世界のなかでの日本の位置づけとつながって出てきていることがわかって、とても勉強になりました」

真由

「私は、就職活動を前にいろいろと思い悩む点もあったんですが、これからどうやって『働くこと』と向き合っていくのか自分なりに理解できた気がして、とてもありがたかったです。特に、会社を選んで就職するときには、企業情報をきちんと収集して相手をよく知ったうえで、契約内容にも注意を払いながら、契約を結ぶことが大切なこと「第3章」1～5項、自分のキャリアは会社任せにしないで、自分でキャリアを設計して自分で成長していく意識をもつこと「第3章」6・7項、長い職業人生のなかでいろいろなことが起こったときに、働く人を守ってくれる法律があるし、会社を辞めようと思ったときにはいつだって自由に辞められること「第3章」8～12項がわかったことは、自分にとってこころの安心になりましたし、大きな励みにもなりました」

宇野

「僕は、恥ずかしながら労働法をよく知らないで働いたり、労働組合に入ってたことがわかりました。日頃、ネットとか職場で、LGBTQとかハラスメントとか最低賃金とかテレワークとか、いろいろな話を断片的に耳にするんですが、それが全体として労働法という体系のなかでつながりあっているということがわかったことは、社会人として大きな収穫でした。労働法の枠組みや体系「第4章」1～3項のなかで、働く人の人権がさまざまな形で保障されていること「第4章」4～6項、働く人の労働条件と健康を守ることが労働法のとても重要な柱となっていること「第4章」3項・7～10項、柔軟な働き方も推進されて保護されようとしていること「第4章」11～13項、労働組合に入って仲間と助け合って行動することはいまでも重要な意味をもつこと「第2章」8項、「第4章」14項・15項、そして、働いていてもし悩みがあったら、労働組合以外にも、無料で簡単に相談できる窓口があること「第4章」16項は、できるだけ多くの人に知ってもらいたいですね」

伊達

「うん。これまでの話のポイントをみんなよく理解してもらってて、私のエンゲージメント「第2章」9項もあがるね」

これからの働き方——世界の雇用システムの変化と方向性

最後に、これからの働き方について、いっしょに考えてみようか。

日本では、会社の辞令に従って何でもやる「総合職」的な働き方をして、賃金も職務内容にかかわらず勤続年数や経験の蓄積を重視した「職能給」という制度から、専門性の高い個別の職務を基軸とした「専門職」的な働き方で、賃金もいま行っている職務の価値によって決まる「職務給」という制度に移行する動きがあって「第2章」7項、一つの会社にとどまらない自発的な転職も増えている「第2章」6項という話をしました。しかし、変化は必ずしも一つの方向に向かって直線的に進んでいるわけではありません。

いまの日本でも、ハードワークで従業員と会社との一体感を高めようとするモーレツ企業「第2章」11項や、年齢給や勤続給をとって従業員の安心と安定を重視した経営を行っている会社はあります。必ずしも短期的な能力や成果を求めるのではなく、中長期的な視点から従業員を育成し、長期的に培われた匠《たくみ》の技を生かして、中長期的に生産性や競争力を高めていこうという会社にとっては、このような制度をとることは合理的といえるかもしれません。また、職務給と主体的なキャリア形成を大切にし従業員の出入りが多い企業の数が労働市場のなかで相対的に増えていくと、会社主導で従業員を育成し安定した賃金（年齢・勤続給）と長期雇用を約束してくれる企業の希少価値（相対的な人気）が高まっていく可能性もあります。

他方で、欧米諸国の雇用システムの変化は、日本とは逆の方向に進んでいます。もともと、職務を限定する形で労働契約を結び、職務内容とそのレベルに応じて賃金が決まる職務給制度をとってきた欧米諸国では、旧来の制度が市場の変化に対応できなくなっています。グローバル競争や技術革新のスピードが速くなるなかで、古くからあった職務が市場価値を失うスピードが速くなり、大学や専修学校などで修得した専門的な職務を一つだけ行って職業人生を全うすることが難しくなっているのです。このような変化に対応するために、複数の技能を習得し複数の職務に従事できるようにするマルチスキルやダブルジョブを推奨する動きや、担当する職務の範囲を広くするブロードバンド化も進められています。また、環境の変化に対し雇用の柔軟性・継続性を確保できるように、労働契約に配転条項を付ける動き(1)もあります。

このような変化を大局的にみると、各国の雇用システムは、世界のグローバル化のなかで、両極から接近している状態にあるといえます。一方で、日本は、職務内容の限定なく賃金も職務内容にかかわらない「総合的能力」の極から、他方で、欧米諸国は、職務の限定があり賃金も職務に基づいて定まる「専門的職務」の極から、お互いに反対の極に近づく方向に移行しつつあるのです。しかし、その動きは、世界的にどこか一つの均衡点に収《しゅう》斂《れん》していくというものではなく、なおそれぞれの国で、それぞれの歴史や文化を反映した多様性をもつものとして存在している状況にあります[2]。市場が世界的にグローバル化するなかでも、各国の雇用システムはなお一定の個性をもつものとして存在し、また、それぞれの国のなかで、それぞれの企業や働く人たちが、それぞれのパーパスや希望に沿って、多様な働き方を提案し実行しようとしています。

さくら「世界がマーケットで一つにつながっても、雇用システムって歴史とか文化に密接にかかわってるから、世界全体が一つのシステムに収斂していくことにはなってないんですね。とすると、日本では、日本的雇用システムがこれからも生き残っていくことになるんでしょうか」

伊達「まさに、『生き残る』かどうかの問題だと思います。例えば、日本のなかでも、労

働時間の短いプラチナ企業と、労働時間の長いモーレツ企業があって、どちらに優秀な人が集まり、どちらが付加価値の高い製品やサービスを提供できるか。それぞれの企業として、持続的に成長し社会に貢献できるのかが、いままさに問われているといえます。また、世界各国の雇用システムも、それぞれ一定の個性をもつものとして存在していますが、国際競争のなかでそれぞれが競争力を持ち続けられるのか、そのためにシステムをどう修正していくかが問われています。日本的雇用システムは、いずれの点でも岐路に立たされているといえるんじゃないでしょうか」

これから働く人たちへ

日本で働くにしても、外国で働くにしても、これからは多様な働き方や多様なキャリアコースが提示されるようになるでしょう。多様性（Diversity）こそが創造力を生み出す一つの価値といえます。

そのなかで、皆さんにとってまず重要なのは、自分がどのような働き方をしたいか、どのような人生を送りたいかを、自分なりに考えることです。法律のルールを守ることは大前提ですが、そのなかで、ハードワークをして仕事に打ち込んで自分を高めていきたいか、仕事と私生活のバランスをとってどちらも大切にしながら生きていきたいか。その生き方の選択は、長い人生のなかで、ステージごとに変わることもあるでしょう。
そして、自分が思い描く働き方や人生の送り方を可能としてくれる会社を選択することです。そのためには、様々なルートや手段を通じて企業情報をしっかりと収集し、よりよいパートナーを選ぶという気持ちで相手選びをすることが大切です「第3章」2項・3項。この会社選びのために必要な企業情報、特に人的資本にかかわる情報を積極的に開示していくことが、これからの企業の経営戦略としても、政策の方向性としても、重要になっていくと思います「第2章」12項。

真由
「私は、やっぱり仕事と趣味を両立させたいから、残業がなく、休みもちゃんととれる会社で働きたいです。就職する会社では、趣味の洋服作りとは違う仕事をしたいと思いますが、将来的には、自分で洋服をデザインしたり仕立てたりする会社を起業して、多くの人に自分が作った服を着てもらうのが夢です。そのためにも、最初は、製造・販売のノウハウとか、会社の経営手法を学べるところに就職できるといいなと思うようになりました。そのためには、メーカーとか、百貨店とか、商社に就職できるといいのかもしれませんが、そういうところで残業のない働き方を実践してる会社があるのか、企業情報を集めたり、インターンシップに行ったりして、確かめたいと思います」

宇野

「僕は、二〇代の間は仕事に打ち込んでキャリアを積んで、結婚して子どもができたら、ワークライフバランスを考えて残業のない働き方ができたらいいなと思います。うちの会社で、そのころに残業のない働き方ができるようになっているかはわかりませんが、労働組合としてそういう働き方が実現できるように会社と交渉していくことも考えられるし、ある程度キャリアを積んだら、そういう働き方ができる会社に転職することも考えられますね。いつ結婚できるかわからないし、どういう人と結婚するかも未定なので、もうしばらくこの会社でキャリアを積みながら、将来のことも考えてみます」

悠太

「僕はまだ、何を勉強したらいいのかも、よくわかっていません。プラチナ企業がいいか、モーレツ企業がいいかも、インターンシップに行って実際の働き方をみてみるまで、わからないかもしれないです」

さくら

「そういう将来の働き方、生き方を考えたり、自分に合った企業選びをするために、われわれは、どういうことを心掛けたり、どういう勉強をしていったらいいんでしょうか」

何をどのように勉強していくか

高校生や大学生が、実際に会社選びをする前にやるべきことって、幅広く勉強することなんじゃないかな。将来の選択肢を増やしたり、選択の幅を広くしたりするためにも、高校生や大学生に限らず、勉強することは、人生を通してずっと大切になります。働き方や生き方のイメージについては、いろんなことを見聞きしたり、経験することを通して、自然とできてくるだろうし、そのイメージは人生のなかで変わっていったりするから、急いでイメージを固めようとする必要はないかもしれません。

市場や技術革新のスピードが速くなり、これから本格的なデジタル社会が到来するなかで、何を勉強したらいいのかは難問です。そのなかで、世界的に改めて注目されるようになっているのが、リベラルアーツ（Liberal Arts）といわれる教養教育です。社会の変化が速くかつ大きくなればなるほど、変化に対応するための基礎的な教養が大切だと考えられているんです。リベラルアーツとは、哲学、文学、歴史学、数学、自然科学といった基礎的な学問のことです。わかりやすくいえば、皆さんが小学校から高校までの間に勉強する国語、算数、理科、社会、英語に、哲学を加えた基礎的な科目について、その理由や構造に遡《さかのぼ》りながら考えることといえるかもしれません。実は、多くの人が受験のために高校まで勉強してきていることが、教養教育の基礎としてとても大切になってきますし、それに哲学を加えて掘り下げて勉強していくことが、将来のキャリアの展開にとって重要な知的基盤となります。新しい事象に遭遇したときに、自分の頭で考えて道を切り拓《ひら》いていく人間的な創造力や想像力がデジタル社会ではますます大切になってきます「第1章」8項し、それを生み出す知的基盤として、リベラルアーツの重要性が再認識されるようになってきているんです。この基本的な教養や能力の育成に格差が生じないようにすること（教育格差の是正）が、国の政策として、これからますます重要になっていきます。

このリベラルアーツを基礎としながら、大学の専門課程になったら、職業の選択とつながる専門教育を受けるようになります。その専門分野の選択は、自分が好きだと思う分野、勉強したいと思う分野を選ぶのが一番なんじゃないかと思います。専門分野は、細分化されればされるほど、社会の大きな変化のなかで市場価値を失っていく可能性があります。デジタル社会のなかで、これだけは長く生き残るだろう、デジタルによって置き換えられることはないだろうと思って選択した専門分野が、より効率的な技術や手法にとって代わられて、陳腐化してしまうおそれもなくはありません（こればかりは簡単には予想できないですし、簡単に予想できないところに新たな価値やニーズが生まれてくるのです）。そういうなかで、将来陳腐化してしまうかどうかにとらわれすぎずに、好きなことを選択して勉強する。仮に陳腐化しても、学び直し（リスキリング）をして、次の専門分野に発展させていくという気持ちをもって、自分が好きだと思えることを勉強していくことが大切なんじゃないかと思います。

仕事というものには、苦しみという側面がありますし、それを拭《ぬぐ》い去ることはできません「第1章」1〜4項。でも、その基礎となり、自分の人生にとっては栄養となる学びについては、自分が好きなことを楽しんで勉強するという気持ちで臨めたらいいんじゃないかなと思います。受験のための勉強は大変ですが、人生のための勉強は、教養教育にしても、専門教育にしても、楽しめたらいいですし、そういう気持ちで、人生を通した勉強、学び直しに取り組むことが、人生を豊かにすることにつながるんじゃないでしょうか。

さくら「そういう発想っていいですね。私は歴史が好きだから、歴史的な関心をもって学びを深めていけたら、幸せかもしれません」

悠太「僕はまだ、勉強が楽しいって思ったことがないな。小学校のころから、体育と給食が好きなんだけど、それを哲学的に究めて、人生の学びにつなげていけるかな」

宇野「僕は音楽が好きなんですが、音楽のイマジネーションっていうのも、学び直しにつながるところがないか、ちょっと探してみます。大学を卒業するときにバンド活動も卒業するって決めたんですが、人生の楽しみに不自然に線引きをする必要はなかったのかもしれないですね」

自分と他者との関係

もう一つだけ付け加えておくと、それぞれの人が、自分の希望や価値観に沿った働き方や生き方を選択して生きていくなかで、自分とは違う働き方や違う価値観をもった人を排除しないで、尊重できる社会を作っていってほしいと思います。

共同体社会では、共同体の論理と合わない人を排除することが、意識的または無意識的に行われてきました。例えば、「正社員」を中心とする日本の企業共同体では、契約社員や派遣社員など正社員と異なる働き方をする人たちを非「正社員」として部外者化し、共同体の論理とは異なる思想や意見をもつ人たちを差別するという現象もみられてきました。ドイツ法学者の村上淳一《むらかみじゅんいち》教授は、日本の文化は「別様である他者を認めないこと、排除すること、それぞれが個性的な生き方を選べるという意味での個人の尊重を否定する傾向をもっている」と述べ、これを「別様であってもよいという方向」に切り換えることが重要であると指摘しています(3)。

これからは、性別、国籍、年齢、契約形態などにかかわらず、多様な働き方、多様な生き方をする人たちが、社会のなかで交錯するようになってくるでしょう。そのなかで、皆さんには、自分と異なる働き方や自分と違う価値観をもった人を差別したり排除したりしないで、お互いに尊重し合える社会を作っていってほしいです。そういうお互いの多様性を認め合える社会になっていけば、本当の意味で、それぞれの人が自分の希望や価値観に沿った自由な働き方や生き方を選択することができるようになります。
今回、こうやって話してきたことは、「働くこと」についての地図に過ぎません。この地図を眺めながら、どの道を選び、どういう進み方をするかは、皆さんの選択次第です。なかには、険しい道や苦しい行程もあるかもしれません。でも、休憩や後戻りは自由だし、やり直しもききます。働くことは人生の一部分だし、人生の楽しみを忘れないで生きていってほしいと思います。自分の仕事も趣味も、決めるのは自分です。

さくら「伊達さんにとって、働くことって何ですか？」
伊達「うーん。仕事と趣味の間かなあ。苦しいことも多いけど、やっぱり楽しい。仕事も趣味も、自分の人生は自分で選んで、後はケセラセラ（なるようになる）かな」

著者あとがき

個人的な話ですが、二〇年間勤めた東京大学の研究所を早期退職し、二〇二四年四月から早稲田大学に転職しました。ちょうどそのタイミングで、KADOKAWAの間孝博《あいだたかひろ》さんから、若い人向けに「働くこと」に関する辞典みたいなものを書いてみないかとお声がけいただき、新しい景色のなかでこの本を書いてみることにしました。若い人にも読みやすい本とするために、間さんと知恵を絞りあって五人の登場人物を設定し、ときにその五人が乗り移った気持ちになりながら、この本を書きました。二〇二四年の夏休みの楽しい宿題でした。

読者へのメッセージは、この本のなかにすべて書いています。この本を手にとり、あとがきから読んでいるあなたは、ぜひ働くことの歴史を描いた「第1章」と働くことの未来を考えた「おわりに」を読んでみてください。本書のエッセンスがわかるかもしれません。

この本が、皆さんの人生をすこしでも豊かなものにする一つのきっかけとなってくれれば、しあわせです。

二〇二四年一二月　ワセダベアのイルミネーションを眺めながら

水町　勇一郎

索　引

あ行

か行

さ行

た行

な行

は行

ま行

や行

ら行

わ行

アルファベット

巻末注

はじめに

1 1991年から92年までフランスの首相を務めたエディット・クレッソンは、円高を背景に欧米市場への進出を強めていった日本企業に対し、「日本人は小さなアパートに住み、2時間かけて通勤するアリのような生活をしている」と批判した。

第１章

1 古代ギリシャでは、大工、石工、荷役、飛脚、鍛冶、陶工、大道芸人など人間が行うさまざまな仕事や生産活動は、それぞれ多様な具体的活動としてのみ捉えられており、これらの活動を包括する「労働」概念は存在していなかった。これらの多様な活動が「労働」という一つの概念で包括的に捉えられるようになったのは、アダム・スミスが『国富論』（1776）によって近代的な経済学の道を拓いた18世紀後半であったといわれている。

2 旧約聖書『創世記』第3章（新共同訳）参照。

3 島田裕巳『帝国と宗教』（講談社新書、2023）参照。

4 『キリスト者の自由』第22（徳善義和訳）、『「山上の教え」による説教』聖マタイの第7章（徳善義和・三浦謙訳）参照。

5 和辻哲郎『風土』（岩波書店、1935）。

6 村上泰亮『文明の多系史観ー世界史再解釈の試み』（中央公論社、1998）（以下「村上」と引用）226頁以下。津田左右吉『支那思想と日本』（岩波新書、1938）87頁、中村元『東洋人の思惟方法 第3巻』（春秋社、1962）（以下「中村」と引用）104頁以下も参照。

7 梅棹忠夫『文明の生態史観』（中央公論社、1967）、村上122頁。

8 村山修一『神仏習合思潮』（平樂寺書店、1957）7頁以下、中村64頁以下など。

9 この日本の伝統的な「イエ」は、中国の伝統的な「家族」とも異なる特徴をもつものであったといわれている。伝統中国の家族が社会に対して自立的で自己充足的であったのに対し、日本の伝統的なイエは社会機構のなかに機能的に組み込まれたものであり、社会に対して果たす役割・機能（後述する「家業」）から声望（家名）を引き出すという特徴をもっていたのである。日本の伝統的なイエは、単なる生活共同体というだけでなく、広い意味で一個の企業体としての性格を有していた（滋賀秀三『中国家族法の原理』〔創文社、1967〕、渡辺浩『近世日本社会と宋学』〔東京大学出版会、1985〕）。

10 平石直昭「近世日本の〈職業〉観」東京大学社会科学研究所編『現代日本社会（4） 歴史的前提』（東京大学出版会、1991）（以下「平石」と引用）33頁以下。

11 もっとも、この近世日本の「職分（天職）」観は、個人の職業選択の契機を内包していたプ

ロテスタンティズムの「職業(天職)」観とは異なり、世襲的な階層秩序を前提としそこで所与のものとされていた身分を天職としていた。その意味で、日本の「職分(天職)」観が所与の世襲的身分を正当化・固定化する役割を果たしていた点には、注意が必要である(平石33頁以下)。

12 柳田國男『明治大正史(4)世相篇』(朝日新聞社、1931)、神島二郎『近代日本の精神構造』(岩波書店、1961)、村上泰亮=公文俊平=佐藤誠三郎『文明としてのイエ社会』(中央公論社、1979)など。

13 アダム・スミスは、『国富論』(1776)において、各個人が自由に労働しそれによって生み出された商品を自由に交換することによって、国民全体の富の増大が得られるとした。

14 法哲学者の井上達夫は、日本でみられる過労死は、フランスの社会学者エミール・デュルケームのいう自殺の3類型(集団本位的自殺、自己本位的自殺、アノミー的自殺)のうちの「集団本位的自殺」と通底しており、「高度産業資本主義と共同体的社会編成原理を結合した現代日本社会のディレンマを象徴している」と述べている(井上達夫『現代の貧困』〔岩波書店、2001〕160頁以下)。

15 古代の狩猟採集民の民族的・文化的多様性は、7万年前から3万年前にかけてみられた認知革命の結果、人間が想像上の現実(虚構)を生み出すことができるようになったことの表れだといわれている(ユヴァル・ノア・ハラリ〔柴田裕之訳〕『サピエンス全史(上)ー文明の構造と人類の幸福』〔河出書房新社、2016〕〔以下「ハラリ上」と引用〕64頁以下)。

16 狩猟採集民は1日5時間ほど働いて、平均寿命は21歳から37歳の間で、45歳まで生きられればその後14年から26年は生存が見込まれたが、その後の農耕社会の農民は1日10時間働き、身長は狩猟採集民より平均10から13センチメートル低く、初期の農民の平均寿命は19歳前後だったと推定されている(ダロン・アセモグル、サイモン・ジョンソン〔鬼澤忍・塩原通緒訳〕『技術革新と不平等の1000年史〔上〕』〔早川書房、2023〕〔以下「アセモグル=ジョンソン上」と引用〕172頁以下、ハラリ上71頁)。また、狩猟採集民は、ほとんどの時間を休息と娯楽に費やし、退屈すること(余暇)で創造性や好奇心が刺激されていたともいわれている(ジェイムス・スーズマン〔渡会圭子訳〕『働き方全史ー「働きすぎる種」ホモ・サピエンスの誕生』〔東洋経済新報社、2024〕〔以下「スーズマン」と引用〕6頁・104頁)。この古代狩猟採集民の暮らしは、「原初の豊かな社会」とも評されている。

17 スーズマン140頁以下。日本でも、縄文時代の前半期(1万5000年前から5000年前ごろ)は狩猟と採集を中心とする社会であり、狩猟・採集の対象(例えばナウマンゾウなどの大動物かウサギなどの小動物か)によって基礎的共同体の大きさや範囲が変わっていたと推測されている(松木武彦『日本の歴史 第一巻 列島創世記』〔小学館、2007〕〔以下「松木」と引用〕36頁以下)。

18 ハラリ上104頁以下、スーズマン169頁以下。

19 ハラリ上107頁以下・118頁、スーズマン194頁以下・200頁以下。

20 ハラリ上132頁以下、スーズマン266頁以下。日本では、縄文時代前半の7000年前から6000年前ごろには、穀物や豆類の一部の栽培が始まった。また、遅くとも約4000年前の

縄文時代後期中ごろには、西日本(特に北部九州と瀬戸内)において、イネ等の穀物や豆類などの植物を栽培することを生業とし簡素な什器を用いる生活が広まり、植物栽培に都合のよい平地にムラを営む人びとが増えていったと推測されている(松木160頁以下・164頁、岡村道雄『日本の歴史 第01巻 縄文の生活誌〔改訂版〕』〔講談社、2002〕352頁以下)。さらに、弥生時代(2300年前から1700年前ごろ)には、水田(灌漑の設営・管理)・武器・環濠(外部からの防衛)が行動理念となり、農耕と支配的性向の双方向の力により古代国家が築かれたとされている(松木166頁以下)。

21 ユヴァル・ノア・ハラリは、「より楽な生活を求める人類の探求は、途方もない変化の力を解き放ち、その力が、誰も想像したり望んだりしていなかった形で世界を変えた。……数人の腹を満たし、少しばかりの安心を得ることを主眼とする些細な一連の決定が累積効果を発揮し、古代の狩猟採集民は焼けつくような日差しの下で桶水を入れて運んで日々を過ごす羽目になった」と述べ、これを「贅沢の罠」と呼んでいる(ハラリ上118頁)。この農業テクノロジーの進歩による生産性向上の利益を享受していたのは、農耕社会の後期(中世)になっても貴族や高位聖職者などごく一部のエリート層に限られ、人口の大多数を占める農民はエリート層から労力や生産物を搾り取られている状況にあった(アセモグル=ジョンソン上152頁以下・195頁以下など)。

22 スーズマン263頁以下参照。

23 スーズマン269頁。

24 19世紀半ばの工場労働者のほとんどは、産業革命以前よりも長い時間、劣悪な環境で働かされ、実質所得はほとんど増えず、都市部では公害や感染症のせいで寿命は縮まり、疾病率は上昇していた(アセモグル=ジョンソン上245頁以下)。

25 19世紀には、イギリスの1802年工場法、ドイツ(プロイセン)の児童労働保護に関する1839年規定、フランスの年少者労働時間規制に関する1841年法などを嚆矢として、年少者と女性を対象に労働時間や休日・深夜労働を制限する立法が各国で定められた。この19世紀の労働時間規制の主たる目的は、将来労働力や兵力となる子どもと子どもを産む女性を保護すること(労働力再生産機能の保護)にあったが、20世紀になると、年少者や女性にとどまらず、労働者一般を対象とした労働時間規制が展開されるようになる。工業化の進展が欧米列強より遅れた日本では、1911年の工場法で初めて女性や年少者を対象とした労働時間規制が定められ、その後労働者一般を対象とした労働時間等の規制が定められたのは、第2次大戦後(1947年労働基準法)であった。

26 社会保険制度を世界で初めて確立したのは、ドイツのビスマルクによる1880年代の一連の立法(1883年法〔疾病保険〕、1884年法〔労災保険〕、1889年法〔老齢保険〕)であった。

27 例えば、フランス革命のなかで制定された1791年ル・シャプリエ法は、労働者や使用者の団結を刑事罰によって禁止し、同業組合などの中間団体によって個人の自由が制約されるという旧体制下の集団的な束縛を撤廃しようとした。その後70年以上を経て制定された1864年法は、ル・シャプリエ法以来の「団結罪」を廃止して、労働者や使用者が団結

しても刑事法上罪を問われないものとし、1884年法(ヴァルデク=ルソー法)は、労働組合等の職業団体に対して結社の自由や法人格を承認した。さらに、1919年法は、労働組合と使用者が締結する労働協約に契約としての効力を超える強行的効力を認め、1936年法は、労働協約を協約締結組合の構成員以外にも適用可能なものとする協約の拡張適用制度を定めるに至った。日本で初めて労働組合を法的に承認する法律が定められたのは、第2次大戦後の1945年労働組合法においてであった。ダロン・アセモグルらは、18世紀半ば以降、労働者に十分な交渉力を与える制度的変化(支配層に対抗する勢力の台頭とその制度化)が起こったことが、人類の歴史において、テクノロジーの成果を支配層に独占させず労働者にも広く共有させる原動力となったことを指摘している(アセモグル=ジョンソン上269頁以下)。

28 デュルケーム(田原音和訳)『現代社会学体系2・社会分業論』(青木書店、1971)など。アメリカでは、自由放任主義資本主義がもたらした貧富の格差等の惨状を是正し、経営の効率性を高めるためには、職場にも民主主義を取り入れるべきであるとする「産業民主主義」の考え方も台頭していた(水町勇一郎『集団の再生ーアメリカ労働法制の歴史と理論』〔有斐閣、2005〕53頁以下参照)。

29 日本でも第2次大戦後、社会保障制度の構築・発展とともに、労働法の本格的な発展がみられた。1945年には労働組合の承認・保護を定めた労働組合法(1949年に大きく改正)、1947年には労働条件の最低基準を包括的に定めた労働基準法、国管掌の保険による労働災害の補償を定めた労働者災害補償保険法、有料職業紹介事業を禁止し職業紹介事業を国家独占とした職業安定法、国管掌の保険による失業給付を定めた失業保険法(1974年に雇用保険法に改正)が相次いで制定され、戦後労働法の枠組みが形成された。また、長期雇用慣行などの日本企業の実態と結びつきながら形成された解雇権濫用法理等の判例法の発展や、1955年に開始された春闘による経済成長を反映させた賃金引上げの実現も、社会的保護の充実のために重要な役割を果たした。これらの社会政策の展開と有機的に結びつきながら、日本経済は戦後復興を遂げ、1950年代半ばから約20年にわたり高度経済成長を続けた。もっとも、この先進諸国の豊かさは、発展途上国の安価な資源と労働力の利用の上に成り立っていること(いわゆる「南北問題」の存在)も忘れてはならない(ハラリ上160頁以下、ダロン・アセモグル、サイモン・ジョンソン〔鬼澤忍・塩原通緒訳〕『技術革新と不平等の1000年史〔下〕』〔早川書房、2023〕〔以下「アセモグル=ジョンソン下」と引用〕59頁参照)。

30 スーズマン352頁以下参照。この働き方の多様化に対応するために、特に1980年代以降、労働法の柔軟化(労働時間規制の柔軟化など)、労働法の個別化(差別禁止法やプライバシー保護の発展など)、労働市場の自由化(有料職業紹介事業や労働者派遣事業の適法化など)といった労働法改革が、世界的に進められた(水町勇一郎『労働法〔第10版〕』〔有斐閣、2024〕18頁以下など参照)。

31 スーズマン327頁以下参照。これらの課題を克服するために、2000年代以降、金融緩和、

財政出動等の経済政策と連動しつつ、差別禁止、就業促進、最低賃金の引上げなどの労働法改革が実行されている。イギリス、アメリカ、フランスでは、労働法にとどまらず、給付付き税額控除など社会保障や税制と結びついたセーフティネットの整備も進められている（水町勇一郎「現代労働法の新たな理論動向と日本」島田陽一先生古稀記念論集『働く社会の変容と生活保障の法』〔旬報社、2023〕37頁以下など参照）。

32 スーズマン3頁以下、水町勇一郎『労働社会の変容と再生ーフランス労働法制の歴史と理論』（有斐閣、2001）237頁以下など参照。

33 ジェイムス・スーズマンは、「私たちと仕事の関係……は、ケインズのような人々が想像していた以上に根源的なものである……。〔人間の仕事生活を支配してきた欠乏の経済学の力や経済成長への固執という〕前提の多くが農業革命の産物であり、人が都市に移動することで増幅されたものだと認識することにより、私たちはくびきから解放されて、まったく新しいもっと持続可能な将来を、自分たちだけで想像できるようになる」と述べている（スーズマン383頁以下）。これに対し、ダロン・アセモグルらは、テクノロジーの進歩の恩恵が広く分配されるためには、テクノロジーによる自動化（労働者の代替）と並行してあらゆるスキルレベルの労働者に新しい仕事と機会を創出するというビジョンと、労働者に教育を施して高技能・高賃金の職に就くことを促す制度的仕組みが必要である（今日のデジタル・テクノロジーは必ずしもその方向に進んでいないが、デジタル技術を人間の能力を補完し補助する方向に転換することは可能である）と警鐘を鳴らしている（アセモグル＝ジョンソン下15頁以下・225頁以下）。

34 スーズマン367頁以下、アセモグル＝ジョンソン下115頁以下参照。

35 水町勇一郎「アルゴリズムと労働法」和田肇先生古稀記念論集『労働法の正義を求めて』（日本評論社、2023）869頁以下参照。

第 2 章

1 今井賢一・小宮隆太郎編『日本の企業』（東京大学出版会、1989）、青木昌彦（永易浩一訳）『日本経済の制度分析ー情報・インセンティブ・交渉ゲーム』（筑摩書房、1992）など参照。

2 中小企業庁が1977年に実施した「分業構造実態調査（自動車）」の結果をもとに推計された数字である（三輪芳朗「下請関係ー自動車産業のケース」経済学論集55巻3号13頁〔1989〕）。

3 「終身雇用（lifetime commitment）」という用語を作り出したのは、J・C・アベグレン（占部都美監訳）『日本の経営』（ダイヤモンド社、1958）だといわれている。その後、1969年から1972年にかけて実施された経済協力開発機構（OECD）の対日労働力国別検討の報告書（経済協力開発機構〔労働省訳編〕『OECD対日労働報告書』〔日本労働協会、1972〕）が、「生涯雇用」、「年功賃金制度」、「企業別組合主義」を日本的雇用制度（Japanese employment system）の三つの主要な要素として掲げ、同報告書日本語訳の「序」を書いた労働事務次官・松永正男がこれを「三種の神器」と表現したことを契機に、この「日本的雇用システム」観が広

がっていった(神代和欣「三種の神器」日本労働研究雑誌443号2頁以下〔1997〕参照)。

4 ロナルド・P・ドーア(山之内靖・永易浩一訳)『イギリスの工場・日本の工場(下)』(筑摩書房、1993)127頁以下など。

5 野口悠紀雄『1940年体制』26頁以下(東洋経済新報社、1995)、濱口桂一郎『賃金とは何か ー職務給の蹉跌と所属給の呪縛』(朝日新書、2024)(以下「濱口」と引用)32頁以下など。

6 島田晴雄『日本の雇用ー21世紀への再設計』(ちくま新書、1994)48頁以下など。

7 野村正實は、これらの見解(仮説)を検証しつつ、会社身分制を本質とする日本的雇用慣行は19世紀末・20世紀初頭に端緒的に始まり、第1次大戦中に確立したとしている(野村正實『日本的雇用慣行ー全体像構築の試み』〔ミネルヴァ書房、2007〕393頁以下)。菅山真次は、戦間期までにホワイトカラーの間で定着した日本的慣行・制度が第2次大戦後の高度成長期にブルーカラー労働者を含む従業員全般に普及していくプロセスを歴史的に解き明かしている(菅山真次『「就社」社会の誕生』〔名古屋大学出版会、2011〕)。

なお、長期雇用慣行は大企業を中心にみられたものであり、中小企業については、一方で、雇用関係は流動的で労働者の移動率も高く、その実態は終身雇用とはかけ離れているとする見方がある(島田・前掲注6、65頁)。他方で、昭和30年代後半の中小企業製造工場の実態調査の結果から、中小企業においても新規学卒者の定期採用、従業員の技能教育、人員整理の回避など雇用保障や勤続を重視する終身雇用制の労務管理が根を下ろしているとの分析もある(松島静雄・岡本秀昭「中小企業における労務管理の近代化ー実態調査の結果を中心として」東京大学教養学部社会科学紀要13輯23頁以下〔1963〕)。中小企業白書は、「中小企業においても、従業員の長期雇用は重視されてきたが、実際には勤続年数は短く、『結果としての賃金の年功カーブ』も傾きが低いものとなってきた」(中小企業庁編『中小企業白書2005年版』〔ぎょうせい、2005〕184頁)、「大企業の製造業は年功序列の性格が相対的に強い一方、中小企業は製造業・非製造業にかかわらず、年功序列よりも成果給の性格が相対的に強いと考えられる」(中小企業庁編『中小企業白書2009年版』〔経済産業調査会、2009〕205頁)と指摘している。

8 これに対し、上下のヒエラルヒー的調整を基本とするアメリカ型組織は、個々人の独創性や高度の専門性を必要とする分野(例えば個人の独創的なアイディアでプログラムを作り出すソフトウェア開発)で比較優位性を発揮するといわれている(青木・前掲注1参照)。

9 佐藤博樹「キャリア形成と能力開発の日独米比較」小池和男・猪木武徳編著『ホワイトカラーの人材形成』(東洋経済新報社、2002)249頁参照。

10 日本の賃金制度の形成と変遷の経緯については、濱口32頁以下参照。

11 ホワイトカラー労働者の賃金が年功的であることは日本、西欧、アメリカに共通しているが、ブルーカラー労働者(特に大企業生産労働者)の賃金がホワイトカラー労働者と同様に年功カーブを描いている(西欧ならホワイトカラー労働者に支払われている賃金がブルーカラー労働者の一部にも支払われている)点に、日本の雇用システムの大きな特徴があるといわれている(小池和男『仕事の経済学〔第3版〕』〔東洋経済新報社、2005〕86頁以下参照)。日本に

おいて、第2次大戦後に職員と工員の間の身分格差が撤廃され賃金制度が一本化されていった歴史については、久本憲夫「労働者の『身分』について－工職身分格差撤廃と均等処遇」日本労働研究雑誌562号56頁以下（2007）、南雲智映＝梅崎修「職員・工員身分差の撤廃に至る交渉過程－『経営協議会』史料（1945～1947年）の分析」日本労働研究雑誌562号119頁以下（2007）など参照。

12 白井泰四郎『企業別組合〔増訂版〕』（中公新書、1979）33頁以下。特定の企業ではなく、特定の職業や職務で働く慣行が社会的に広がり、それゆえ企業横断的に労働市場（「外部労働市場」）や労働組合（職業別・産業別労働組合）が形作られてきた欧米型の労使関係のあり方とは、対照的であったと評されている（同書9頁以下）。

13 下平好博「コーポラティズムと経済パフォーマンス」稲上毅ほか『ネオ・コーポラティズムの国際比較』（日本労働研究機構、1994）376頁以下参照。

14 エズラ・F・ヴォーゲル（広中和歌子・木本彰子訳）『ジャパンアズナンバーワン：アメリカへの教訓』（TBSブリタニカ、1979）参照。

15 なかでも、金融機関（北海道拓殖銀行と山一証券）の大型破綻、消費税率の引上げ、政府支出の抑制が行われた1997年は、日本経済にとっても、労働市場の歴史にとっても、大きな転換点であったとされている（玄田有史『ジョブクリエイション』〔日本経済新聞社、2004〕ii頁）。

16 神田秀樹『会社法入門〔第三版〕』（岩波新書、2023）参照。

17 太田洋『敵対的買収とアクティビスト』（岩波新書、2023）参照。

18 厚生労働省『賃金構造基本統計調査』によると、55歳以降を除く多くの年齢層（男性）で、1990年代後半以降、平均勤続年数が短くなっている。また、若年従業員には、①「会社は頼れないもの」と認識し、②「自分の力で生きていく」という意識が強く、このため、③社会一般で活用できる汎用的な知識・スキルの習得を求め、④その期待に応えてくれる会社に対しては帰属を継続しよう（応えてくれない会社に対しては離職しよう）と考えるというイメージが想定されるが、この会社観（③）と離職意思（④）に関しては、若年層（20代）と他の年代層との間で特段の差異は認められないという研究がある（野津創太「若年社員の会社観と離職意思－年代間比較による特質の考察」城西国際大学紀要30巻1号〔2022〕1頁以下）。

19 日本生産性本部『労働生産性の国際比較 2023』（2023年12月）によると、OECDデータに基づく2022年の日本の時間あたり労働生産性は52.3ドル（5099円＝購買力平価換算）であり、米国（89.8ドル）の約58%、OECD加盟38か国中30位（データが取得可能な1970年以降最も低い順位）となっている。

20 経済産業省『人的資本経営の実現に向けた検討会報告書－人材版伊藤レポート2.0』（2020）参照。

21 新しい資本主義実現会議三位一体労働市場改革分科会『ジョブ型人事指針』（2024）で示された各企業の実例参照。野津創太「エンプロイアビリティ施策の有効性の検討－従業員の帰属意識への影響に着目して」城西国際大学紀要32巻1号（2024）25頁以下は、社会一般で活用できる汎用的な知識・スキルの向上に資する能力開発施策を企業が従業員

に対して講じた場合、従業員の当該企業内部での価値・能力（内的エンプロイアビリティ）の向上に強く寄与すると同時に、当該従業員の当該企業への組織コミットメント（帰属を継続しようとする意思）にプラスの方向で影響し、結果として、従業員の帰属意識の向上と離転職意思の低減に寄与することを明らかにしている。

22 J.Hamaaki, M.Hori, S.Maeda, and K.Murata (2010), Is the Japanese employment system degenerating? Evidence from the Basic Survey on Wage Structure, ESRI Discussion Paper Series No.232は、過去20年間の厚生労働省『賃金構造基本統計調査』のデータを用い、1989年から2008年にかけて、日本のフルタイム労働者の賃金カーブがフラット化した（特に非製造業の大卒労働者にその変化が顕著である）ことを明らかにしている。

23 『ジョブ型人事指針』前掲注21参照。同指針では、職務給を導入した日本企業20社の事例が紹介されている。

24 『ジョブ型人事指針』前掲注21参照。

25 首藤若菜「春闘は新たな展開を迎えたのかー労使関係論の視点から」ジュリスト1600号33頁以下（2024）は、近年の春闘において、各企業の経営状況や収益（ミクロな論理）が重視され、パターンセッターの役割（①）やマクロ的な経済指標の考慮（②）が弱まっていることを指摘している。

26 労働者数1000人以上の大企業の組合組織率（雇用者数に占める労働組合員の割合）は4割（40.0%）であるのに対し、99人以下の中小企業では1%未満（0.7%）となっている。日本全体の組合組織率は16.1%である（厚生労働省「労働組合基礎調査」〔2024〕）。

27 内閣官房『新しい資本主義のグランドデザイン及び実行計画2023改訂版』4頁以下（2023）参照。

28 Randstad, Randstad workmonitor Q4 2019 : Work-life balance, economic and financial outlook for 2020.

29 Gallup, State of the Global Workplace : 2023 Report.

30 従業員のエンゲージメントを高めることによって、従業員の定着率や生産性が高まり、企業業績も向上する（従業員と会社の間の価値創造の好循環が生まれる）ことが期待されている。エンゲージメント向上の具体的な取組みと効果については、『人的資本経営の実現に向けた検討会報告書ー人材版伊藤レポート2.0』前掲注20、65頁以下、『ジョブ型人事指針』前掲注21の企業事例など参照。

31 このほか、付加価値生産性（新しく生み出した付加価値を分子、労働投入量を分母として計算。付加価値の生産効率を測る指標）、全要素生産性（生産量を分子、労働・資本・原材料等すべての生産要素の量を分母として計算。すべての生産要素を考慮した生産効率を測る指標）という指標もある。

32 日本生産性本部『生産性評価要因の国際比較』（生産性労働情報センター、2023）。具体的には、OECD加盟国とOECD非加盟のG20諸国の合計46か国を対象に、生産性に影響を与

えうる諸要因(①IT・デジタル化、②教育・人材、③イノベーション、④環境、⑤所得分配、⑥サプライチェーン)の比較分析を行った研究である。

33 小野塚知二「ゼロ成長経済と資本主義ー縮小という理想」世界2021年8月号160頁以下参照。

34 小野塚・前掲注33、161頁以下。

35 OECD, How's Life? 2020: Measuring Well-being.

36 新村出編『広辞苑 第七版』(岩波書店、2018)2591頁、今野晴貴『ブラック企業ー日本を食いつぶす妖怪』(文春新書、2012)など参照。厚生労働省『労働条件に関する総合情報サイトー確かめよう労働条件』のQ&Aでは、「ブラック企業」の一般的特徴として、①労働者に対し極端な長時間労働やノルマを課す、②賃金不払残業やパワーハラスメントが横行するなど企業全体のコンプライアンス意識が低い、③このような状況下で労働者に対し過度の選別を行うという点が挙げられている。厚生労働省労働基準局監督課は、毎年「労働基準関係法令違反に係る公表事案」として労働基準法、労働安全衛生法、最低賃金法等の法令に違反した企業のリストを公表しており、これが厚生労働省公表の「ブラック企業リスト」と呼ばれることもある。

37 山本勲・福田皓・永田智久・黒田祥子「健康経営銘柄と健康経営施策の効果分析」RIETI Discussion Paper Series 21-J-037(2021)は、健康経営の実施は健康アウトカムの改善を通じて企業の利益率を高めるプラスの影響をもたらす可能性があるとの分析結果を明らかにしている。

38 ステークホルダーとは、株主、従業員、消費者、取引先、地域社会などを含めた利害関係者全体を指す言葉である。株主の利益を重視する株主至上主義(「ストックホルダー・モデル」)との対比で、株主以外の利害関係者との関係も重視して企業経営を行う手法を「ステークホルダー・モデル」と呼ぶことがある。

39 名和高司『パーパス経営ー30年先の視点から現在を捉える』(東京経済新報社、2021)など参照。

第 3 章

1 労働基準法や労働契約法では「労働契約」と呼び(労働基準法13条以下、労働契約法1条以下)、民法では「雇用契約」と呼んでいる(民法623条以下)が、一般には、これらは同じ実態の契約だと理解されている。

2 この「三省合意」は、1997年に策定された「インターンシップの推進に当たっての基本的考え方」を2022年に改正・改名したものである。「三省合意」は、企業による学生のキャリア形成支援のための取組みを、インターンシップ(就業体験)にはあたらない①オープン・カンパニーと②キャリア教育、インターンシップ(就業体験)にあたる③汎用的能力・専門活用型インターンシップと④高度専門型インターンシップの四つのタイプに類型化している。

このうち、③汎用的能力・専門活用型インターンシップを一定の基準(就業体験要件〔実施期間の半分を超える日数を就業体験に充当〕、指導要件〔職場の社員が学生を指導し学生にフィードバックする〕、実施期間要件〔汎用的能力活用型は5日間以上、専門活用型は2週間以上〕、実施時期要件〔卒業前年度以降の長期休暇期間中〕、情報開示要件〔学生情報を活用する旨等を募集要項等に明示〕)を満たして行った企業は、そこで得た学生の情報を、3学年次3月以降の広報活動、4学年次6月以降の採用選考活動で使用することができるとしている。

3 求職者(学生、転職者など)と求人者(会社など)との間に第三者(職業紹介事業など)が介入・介在する場合については、人身売買・強制労働・中間搾取などの弊害が生じないように、職業安定法が一定の規制を定めている(「第3章」10項)が、求職者と求人者の間の直接の募集・採用活動については基本的に自由(契約締結の自由)とされている。

4 若者雇用促進法(青少年の雇用の促進等に関する法律)は、新卒採用を行う会社に対し、応募した学生等から求められた場合には、職場情報(①募集・採用の状況〔直近3年度の新卒等採用者数・離職者数、平均勤続年数など〕、②職業能力開発の状況〔研修の有無・内容、自己啓発支援の有無・内容など〕、③職場定着の状況〔前年度の月平均所定外労働時間、前年度の有給休暇平均取得日数など〕の3類型のそれぞれから一つ以上の情報)を提供することを義務づけている(13条、同法施行規則3条以下)。会社が公表していない情報を知るためには、この法律に基づいて会社に情報提供を求めることも有効な方法といえる。

5 障害者については、障害の特性に応じた合理的配慮を講じること(障害者雇用促進法36条の2)、一定比率以上の障害者を雇用すること(同法37条・43条以下)も、会社(事業主)に義務づけられている。

6 「期間の定めなし」、「定年制なし」と記載された求人票をハローワークでみて採用が決定され、その後、入社時に会社が提示した「契約期間1年」「65歳定年制」と記載された書面(労働条件通知書)に労働者が署名押印していた事案で、採用内定時に求人票記載の内容の労働契約が成立しており、入社時の労働条件通知書への署名押印は、労働者の自由意思に基づいて契約内容を変更する同意であったとはいえないとした(福祉事業者A苑事件・京都地裁2017年3月30日判決)。

7 これに対し近年では、新卒採用においても専門性が高い優秀な人材を確保するために、個別の希望を踏まえて職種や勤務エリアを限定する「職種別採用」の動きも広がりつつある。総合職養成型の日本的雇用から専門的なキャリア形成・価値創造を促す専門職支援型への転換を図る改革の一つといえる(「第2章」6項)。

8 そのほか、がん、脳血管疾患、肝疾患、指定難病、心疾患、糖尿病といった継続的な治療・検査を要する病気と仕事との両立を支援するために、厚生労働省は、「事業場における治療と仕事の両立支援のためのガイドライン」(2024年3月改訂)を作成し、周知・啓発を行っている。

9 実際に、会社は私傷病だと認識して傷病休職制度を利用して休職させていたが、その実態は仕事のストレス等が原因である労働災害であったとして、傷病休職期間満了により

なされた解雇や退職扱いについて、労働災害療養中の解雇を禁止する労働基準法19条1項(「第3章」11項)に違反して無効であるとした裁判例が多数ある(東芝〔うつ病・解雇〕事件・東京高裁2011年2月23日判決など)。

10 雇用保険の受給資格がない者については、生活のための給付金(月額10万円)の支給を受けながら無料の職業訓練を受けることができる求職者支援制度が設けられている(求職者支援法)。

11 アメリカ出身の法社会学者ダニエル・H・フットは、「日本の裁判所は、労働者の解雇の場面で、『解雇権の濫用』の法理を生み出し、世界に例をみないほど手厚い保護を与えてきた」と評している(ダニエル・H・フット〔溜箭将之訳〕『裁判と社会』〔NTT出版、2006〕97頁)。

12 期間の定めのある労働契約の期間途中で会社が契約を解約(解雇)する場合には、「やむを得ない事由」が必要であるとされており(労働契約法17条1項)、この事由は、通常の解雇の客観的合理性・社会的相当性よりも限定された、より重大な理由であることが必要であると解されている(学校法人東奥義塾事件・仙台高裁秋田支部2012年1月25日判決など)。

13 アメリカでは1967年雇用における年齢差別禁止法(ADEA)によって年齢を理由とする雇用差別が禁止され、EUでは2000年均等待遇枠組指令(2000/78/EC)によって年齢差別を含む雇用差別を禁止することが加盟国に義務づけられた。

第4章

1 例えば、1789年のフランス人権宣言は、「およそ主権というものの根源は、本質的に国民のうちに存する。いかなる団体も、いかなる個人も、明瞭に国民から発していないような権力を行使することはできない」(3条)、「法律は一般意思の表明である」(6条)と規定し、人びとは契約と法律によってのみ拘束されることを宣言した。この契約と法律によってのみ権利と義務が根拠づけられるという考え方は、ナポレオン・ボナパルトの下で起草・編纂された1804年フランス民法典のなかに取り込まれ、その後、今日の社会においても広く受け容れられている。

2 理論的に厳密にいえば、労働協約は法律(労働組合法16条など)に基づいて権利義務の根拠となるもの、就業規則は契約の一種として権利義務の根拠となるもの(労働契約法7条参照)と解釈されるため、広い意味では法律または契約に基づくものと位置づけられる。

3 労働基準法は、使用者が就業規則を作成しまたは変更するにあたり、①事業場の労働者の過半数代表(労働者の過半数が加入する労働組合、それがないときは労働者の過半数を代表する者)からの意見聴取(90条1項)、②所轄の労働基準監督署長への届出(89条)、③作業場の見えやすい場所への掲示や電子機器へのアクセスなどの方法による労働者への周知(106条)という三つの手続を踏むよう義務づけている。

4 横須賀労基署長2023年9月26日決定(アマゾン配達員の商品配送中の事故〔階段から転落し腰椎圧迫骨折〕につき労働者災害補償保険法に基づく休業補償給付の支給を決定)。

5 国・中労委(新国立劇場運営財団)事件・最高裁2011年4月12日判決、国・中労委(INAXメンテナンス)事件・最高裁2011年4月12日判決など。

6 Uber Japanほか1社事件・東京都労委2022年10月4日決定(プラットフォームを利用して飲食物の配達業務を行う配達パートナーの労組法上の労働者性を肯定し、同人らが加入する労働組合が申し入れた団体交渉にウーバーイーツ事業を運営する事業者が応じなかったことは正当な理由のない団体交渉拒否にあたると判断)。

7 労働組合がある場合、労働組合と労働協約を締結して労働条件を集団的に変更するという方法もある。労働協約による労働条件の変更については、後述する(「第4章」14項)。

8 レズビアン(女性同性愛者)、ゲイ(男性同性愛者)、バイセクシュアル(両性愛者)、トランスジェンダー(身体の性と性自認が異なる人)、クエスチョニング(性自認や性的指向が定まっていない〔定めていない〕人)またはクィア(性的少数者を包括的に表す言葉)の頭文字をとったもので、性的少数者であることを示す言葉。性的指向・性自認を表すSOGI(Sexual Orientation, Gender Identity)という言葉が用いられることもある。

9 アメリカでは、2020年6月15日連邦最高裁判決(Bostock v. Clayton County, 140 S. Ct. 1731〔2020〕)が「性的指向」と「性自認」を理由とする差別は公民権法第7編が禁止する「性」差別に含まれると判示したことにより、性的指向・性自認を理由とする差別も法的に禁止されることとなった(中窪裕也「タイトル・セブンにおける『性』差別の禁止とLGBT―アメリカ連邦最高裁の新判例」ジュリスト1551号90頁以下〔2020〕参照)。

10 この規定は、年齢差別の禁止というより、就職氷河期世代等の再チャレンジ支援という目的で定められた一種の政策立法との性格が強い。

11 このほか、1945年に制定された労働組合法(1949年に大きく改正)は、労働組合員であることを理由とする不利益取扱いを禁止している(7条1号)。

12 森戸英幸「美醜・容姿・服装・体型―『見た目』に基づく差別」森戸英幸・水町勇一郎編『差別禁止法の新展開―ダイヴァーシティの実現を目指して』(日本評論社、2008)195頁以下は、アメリカの地方自治体のなかに肉体的特徴、外見、体型に基づく差別を禁止する条例があることを紹介しつつ、「見た目」差別の禁止は差別禁止の根幹にかかわる問題であることを分析している。

13 この2割5分から5割に引き上げられた割増賃金部分については、事業場の過半数代表との労使協定に基づいて有給の代替休暇を与えることで支払いに代えることができる(労働基準法37条3項)。

14 労働者が複数の事業場で働く場合、労働時間は通算して計算される(労働基準法38条1項)。炭坑やトンネル内での労働については、その場所的特殊性のため、労働者が坑口に入った時刻から坑口を出た時刻までの時間を、休憩時間を含め労働時間とみなすとされている(同条2項)。

15 国への労災保険給付の請求と会社への損害賠償請求の両方が行われた場合、国が労災保険給付として支給した部分については、会社はその限りで民法上の損害賠償責任を免

れるものとされている(労働基準法84条2項参照)。なお、労災保険制度による給付は、精神的損害(慰謝料)をカバーするものでないなど、労働者が被った損害をすべて補償するものではない。

16 厚生労働省「過労死等の労災補償状況」による数字。

17 厚生労働省は、テレワーク・ガイドライン(「テレワークの適切な導入及び実施の推進のためのガイドライン」)を策定し(2018年2月策定、2021年3月改定)、労働者がテレワークを行う場合には一般の労働関係法令が適用されることを確認しつつ、その労務管理上の留意点等を定めている。

18 政府は、副業・兼業を推進するにあたって、労働者災害補償保険法や雇用保険法の改正を行うとともに、副業・兼業ガイドライン(「副業・兼業の促進に関するガイドライン」)を策定し(2018年1月策定、2020年9月・2022年7月改定)、健全な形で副業・兼業が促されるよう法的基盤の整備を進めている。

19 新しい資本主義実現会議三位一体労働市場改革分科会『ジョブ型人事指針』(2024)で示された各企業の実例参照(「第2章」6項)。

20 内閣官房日本経済再生総合事務局が2020年2月〜3月に実施した「フリーランス実態調査」によると、フリーランス(①自身で事業等を営んでいる、②従業員を雇用していない、③実店舗をもたない、④農林漁業従事者ではない者〔法人の経営者を含む〕)は462万人(本業214万人、副業248万人)と試算されている。

21 2024年10月に成立したEUプラットフォーム労働指令(「プラットフォーム労働における労働条件の改善に関するEU指令」)は、プラットフォーム事業者に対し、自動監視・自動処理システムによって、ⓐ感情的・心理的状態に関する個人情報、ⓑ私的な会話に関する個人情報、ⓒ業務遂行時以外の個人情報、ⓓ結社の自由、団結権、労使協議権など基本的人権の行使を推測させる個人情報、ⓔ人種・民族的出自、移民としての地位、政治的意見、宗教・信条、障害、健康状態、感情的・心理的状態、労働組合員、性的生活・指向を推測させる個人情報、ⓕ生体認証情報を、収集・処理することを禁止している(7条)。

22 リチャード・B・フリーマン＝ジェームズ・L・メドフ(島田晴雄＝岸智子訳)『労働組合の活路』(日本生産性本部、1987)、飯田高「法と経済学からの考察ー労働関係における『分権』と『集団』の経済分析」水町勇一郎編『個人か集団か？　変わる労働と法』(勁草書房、2006)81頁以下など。

23 2023年8月31日、百貨店そごう・西武のアメリカ投資ファンドへの売却強行に反対して、そごう・西武労働組合は東京・池袋の西武池袋本店でストライキを行い、同日、全館が臨時休業となった。日本では近時珍しい光景であったため、社会的に注目を集めた。厚生労働省「労働争議統計調査」によると、争議行為を伴う争議件数は、第1次石油危機直後の1974年に最多の9581件(行為参加人数は532万5080人)を記録して以降、減少傾向をたどり、2023年には75件(8414人)となっている。欧米諸国では、今日でも頻繁にストライキが行われている。

24 法社会学者のダニエル・H・フットは、「日本の労働者に認められた法的保護は、ドイツやフランスなどの労働者保護的な法制度に比肩するし、局面によってはそれよりもむしろ充実している場合もある」と述べている（ダニエル・H・フット〔溜箭将之訳〕『裁判と社会』〔NTT出版、2006〕99頁）。

25 NODA (Y.), *Introduction au droit japonais*, Paris, Dalloz, 1966, pp. 175 et s.; 川島武宜「日本人の法意識」『川島武宜著作集第4巻・法社会学4』（岩波書店、1982年）239頁以下、村上淳一『〈法〉の歴史』（東京大学出版会、1997年）184頁など参照。

26 ダニエル・H・フット・前掲注24、109頁以下。

27 例えば、フランスの労働審判所制度では、訴訟提起の無償性、手続の口頭主義、労働組合等の代理人としての許容などの基本的特徴が、現在でも維持されている（アントワーン・リヨン＝カーン〔水町勇一郎訳〕「フランスの労働紛争における裁判官の後退」法律時報94巻12号〔2022年〕59頁以下）。東京大学社会科学研究所が行った「労働審判制度についての意識調査」（第1回2010年、第2回2018年に実施）により、労働審判制度の利用者の評価は全般的に高いなかで、費用の低廉性のみは評価が低く、この費用面での負担感をもたらしているのは弁護士費用であることが明らかにされている（佐藤岩夫「個別労働紛争の現状と労働審判制度の利用者評価ー実態調査の結果から」中央労働時報1288号〔2022年〕12頁）。

おわりに

1 例えば、フランスでは、近年、労働契約を締結する際に、職務内容や勤務場所の変更の可能性を定めた「配転条項（clause de mobilité）」を付す動きがある。この条項に労働者が同意している場合、労働者が会社からの配転命令を拒否することは、同命令が権利の濫用でない限り、解雇の正当理由となりうると解されている。

2 佐野嘉秀『英国の人事管理・日本の人事管理ー日英百貨店の仕事と雇用システム』（東京大学出版会、2021年）315頁以下は、1980年代以降、イギリスは1970年代までの「市場志向」型から、日本は1970年代までの「組織指向」型から、それぞれ対極に向けて人事管理の接近が進行したが、その接近には歯止めがかかり、一点に収斂するには至っていない（イギリスは「職務ルール・範囲職務給」型、日本は「職域・職能ルール・能力給」型という個性を保っている）との分析結果を明らかにしている。

3 村上淳一『〈法〉の歴史』（東京大学出版会、1997年）181頁以下。そのほか、日本企業の共同体的性格と弊害については、CORIAT (B.), *Penser à l'envers: Travail et Organisation dans l'Entreprise japonaise,* Paris, Christian Bourgois, 1991, pp. 104 et s.; 井上達夫『現代の貧困』（岩波書店、2001年）160頁以下、水町勇一郎『労働社会の変容と再生ーフランス労働法制の歴史と理論』（有斐閣、2001）276頁以下など。

［著者紹介］

水町勇一郎（みずまち　ゆういちろう）

1967年佐賀県生まれ。90年東京大学法学部卒業。東北大学法学部助教授、パリ西大学客員教授、ニューヨーク大学ロースクール客員研究員、東京大学社会科学研究所教授などを経て、2024年度より早稲田大学法学学術院・法学部教授。専門は労働法学。働き方改革実現会議議員、新しい資本主義実現会議三位一体労働市場改革分科会委員、規制改革推進会議働き方・人への投資ワーキング・グループ専門委員、労働基準関係法制研究会参集者等を歴任。主著に『労働法〔第10版〕』『集団の再生――アメリカ労働法制の歴史と理論』『労働社会の変容と再生――フランス労働法制の歴史と理論』『パートタイム労働の法律政策』（以上、有斐閣)、『詳解 労働法　第３版』（東京大学出版会)、『労働法入門　新版』（岩波新書）がある。

社会《しゃかい》に出《で》る前《まえ》に知《し》っておきたい　「働《はたら》くこと」大全《たいぜん》

2025年３月26日　初版発行

著者／水町勇一郎《みずまちゆういちろう》

発行者／山下直久

発行／株式会社KADOKAWA
〒102-8177　東京都千代田区富士見2-13-3
電話 0570-002-301（ナビダイヤル）

印刷所／株式会社KADOKAWA

製本所／株式会社KADOKAWA

●お問い合わせ
https://www.kadokawa.co.jp/（「お問い合わせ」へお進みください）
※内容によっては、お答えできない場合があります。
※サポートは日本国内のみとさせていただきます。
※Japanese text only

定価はカバーに表示してあります。

ISBN 978-4-04-115122-8　C0036

◆◇◇